퍼펙트
P·E·R·F·E·C·T
중국어
Main Book 3
문법강화

시사중국어사

퍼 퍼펙트 중국어는 중국어 공부의 새로운 패러다임을 구축할 신개념
(New Concept) 중국어 교재로 쉽고! 재미있게! 학습할 수 있는 교재입니다.

펙 펙트만을 모아~모아~ 현지 중국인이 쓰는 단어와 문장을 패턴(Pattern)
으로 녹여냈습니다.

트 트~윽별하고 야심차게! 세계 최초! 국내 최초!로 사자성어와 한중 문화 이야
기를 패턴(Pattern)으로 녹여낸 퍼펙트한 중국어 교재! 중국어 실력과 재미
그리고 한중 문화에 대한 이해까지 한 번에~! '일석삼조'의 효과를 볼 수 있
습니다.

중 중국에서 현지인들과 대화하듯이 회화 연습을 할 수 있도록 주제별로 대화
내용을 구성! 회화 연습을 통해 핵심 패턴(Pattern)을 자신도 모르는 사이
에 자연스럽게~ 습득할 수 있습니다.

국 국어만큼 완벽하게 중국어를 할 수 있다는 것을 목표로, 패턴의 무한반복을
통해 중국어 문장 구조에 대한 이해도를 한층 Up! 패턴(Pattern)을 활용한
회화와 독해를 통해 어휘량과 작문 실력을 한층 더 Up! Up! 워크북을 통해
레알 찐 중국어 실력을 완벽하게 Up! Up! Up! 할 수 있습니다.

어 어른들도 아이들도 누구나 즐겁고 쉽게 공부할 수 있는 신개념 중국어 공부~!
퍼펙트(Perfect)로 시작합니다!

＜完美漢語＞

建立漢語學習全新概念，

打造漢語學習全新模式，

提供輕鬆有趣節奏韵律，

設計生動形象眞實會話，

開啓完美漢語學習之旅。

퍼펙트 중국어 교재로 중국어를 학습하시는 여러분, 반갑습니다!
늘 토착화 된 교재를 갈구하던 중, 새로운 개념으로 정석만을 골라 담아 학습자들에게
좀 더 편안하고 익숙하게 다가갈 수 있도록 만든 교재를 선보이게 되었습니다.
지금까지 많은 사람들이 다양한 교재와 방법으로 중국어를 학습해 왔습니다.
이제는 패턴과 리듬, 그리고 다양한 놀이로 구성된 차별화 된 학습법으로
이 교재를 사용해 보시기 바랍니다.

완전정복!
말은 쉽지만 행하기가 어려운 표어입니다. 하지만 불가능한 것도 아닙니다.
외국어 학습에 가장 중요한 어휘 확장과 반복된 말하기 연습, 그리고 패턴을 통한
문장구조 파악과 중국인과 흡사하게 말하는 어감 정복을 통해 충분히 달성할 수 있습니다.

이제 신선한 충격을 통해 고지에 올라 설 준비를 하시고 시작해 보십시오.
분명 퍼펙트하게 달라진 자신의 모습을 보시게 될 겁니다.
응원하겠습니다.

경자년 이른 가을을 기다리며
저자 일동

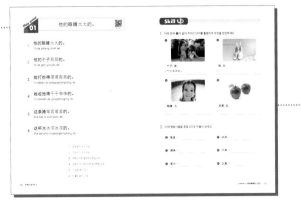

✓ Play Point 01~04

어려워 보이는 문법을 학습할 때에도 예문을 패턴으로 묶어 연습하면 중국어가 더 쉬워집니다. 반복하여 듣고 말하기 연습을 해 보세요.

✓ Skill Up

문법 사항을 학습했다면 바로 체크해 봐야 내 실력이 되겠죠? 사진을 보고, 문제를 보고 바로 입으로, 손으로 표현해 보세요. 이미 입에 익은 패턴으로 어떤 문제든 표현이 가능할 거예요!

QR코드로 음원을 편리하게!

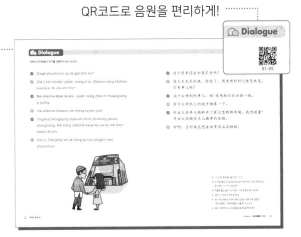

✓ Dialogue

이번 과에서 배웠던 문법이 회화에 어떻게 적용될 수 있을지, 배웠던 패턴을 생각하며 회화를 읽어 보세요.

✓ Let's Play

사자성어에 얽힌 재미있는 이야기와 한국의 전래동화 몇 편을 쉬운 중국어로 엮어 보았습니다. 소리 내어 읽어 보고 직접 해석도 해 보세요. 실력이 부쩍 늘어난 것을 느낄 수 있을 거예요!

Workbook

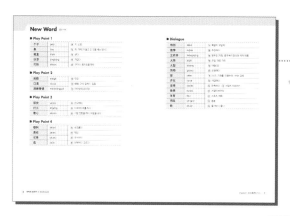

✔ New Word

이 과에 새롭게 등장한 단어를 체크해 보세요.

✔ Grammar

이 과의 주요 문법에 대해 학습해 보세요.
중국어 중급 수준으로 도약하는 데에
꼭 필요한 문법만 모았습니다. 문법 학습 후
패턴과 회화를 다시 한번 읽어 보세요!

✔ Review & Writing

회화문을 다시 들어 보고 받아쓰기 해 보세요.

✔ Exercise

HSK, BCT 등 시험 유형에 맞춰 뽑은
문제를 풀며 시험까지 대비해 보세요.

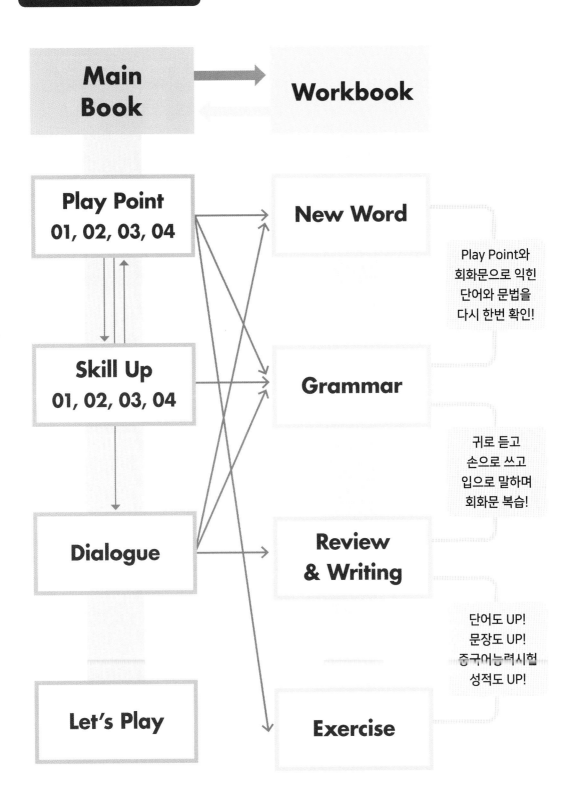

Main Book → **Workbook**

Play Point 01, 02, 03, 04

Skill Up 01, 02, 03, 04

Dialogue

Let's Play

New Word

Grammar

Review & Writing

Exercise

Play Point와 회화문으로 익힌 단어와 문법을 다시 한번 확인!

귀로 듣고 손으로 쓰고 입으로 말하며 회화문 복습!

단어도 UP! 문장도 UP! 중국어능력시험 성적도 UP!

☑ 이 책의 학습 효과

중국어 완전정복!

Word + Grammar + Exercise +

BCT, CPT, FLEX, HKC, HSK, HSKK, TOCFL, TSC

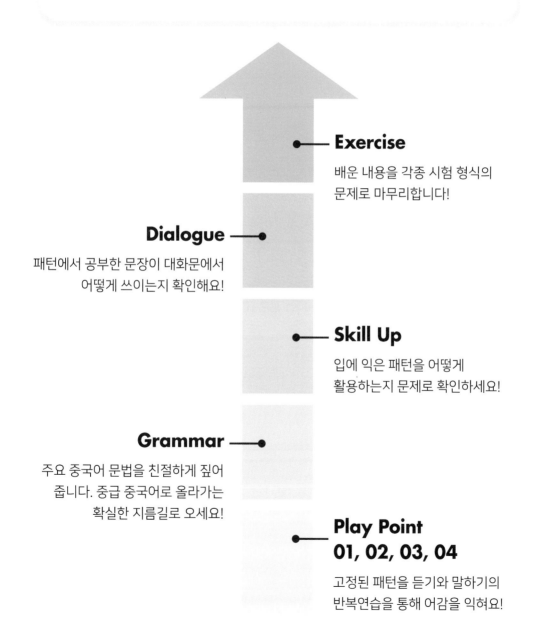

Exercise
배운 내용을 각종 시험 형식의
문제로 마무리합니다!

Dialogue
패턴에서 공부한 문장이 대화문에서
어떻게 쓰이는지 확인해요!

Skill Up
입에 익은 패턴을 어떻게
활용하는지 문제로 확인하세요!

Grammar
주요 중국어 문법을 친절하게 짚어
줍니다. 중급 중국어로 올라가는
확실한 지름길로 오세요!

**Play Point
01, 02, 03, 04**
고정된 패턴을 듣기와 말하기의
반복연습을 통해 어감을 익혀요!

목차

머리말

수업 계획표

他的眼睛大大的。

Play point 01

他的眼睛大大的。

Play point 02

我想听(一)听中国民歌。

Play point 03

你好好儿考虑考虑吧。

Play point 04

他今年事事都不顺利。

他的眼睛大大的。

01-01

1 他的眼睛大大的。
Tā de yǎnjing dàdà de.

2 他的个子高高的。
Tā de gèzi gāogāo de.

3 她打扮得漂漂亮亮的。
Tā dǎbàn de piàopiàoliàngliàng de.

4 她收拾得干干净净的。
Tā shōushi de gāngānjìngjìng de.

5 这条路笔直笔直的。
Zhè tiáo lù bǐzhíbǐzhí de.

6 这杯水冰凉冰凉的。
Zhè bēi shuǐ bīngliángbīngliáng de.

1 그의 눈이 아주 커요.

2 그의 키가 아주 커요.

3 그녀가 아주 예쁘게 꾸몄습니다.

4 그녀가 아주 깔끔하게 정리했습니다.

5 이 길은 매우 곧다.

6 이 물은 몹시 차다.

Skill Up

1. 아래 문제 ❶과 같이 주어진 단어를 활용하여 문장을 완성하세요.

❶

- 个子, 高

> 个子高高的。

___

❷

- 鞋, 白

>

___

❸

- 眼睛, 大

>

___

❹

- 苹果, 红

>

___

2. 아래 형용사들을 중첩식으로 만들어 보세요.

❶ 笔直 > _____

❷ 冰凉 > _____

❸ 漂亮 > _____

❹ 干净 > _____

❺ 高兴 > _____

❻ 认真 > _____

我想听(一)听中国民歌。

01-02

1 我想听(一)听中国民歌。

Wǒ xiǎng tīng (yi) tīng Zhōngguó míngē.

2 我想学(一)学太极拳。

Wǒ xiǎng xué (yi) xué tàijíquán.

3 我要多练(一)练汉语口语。

Wǒ yào duō liàn (yi) liàn Hànyǔ kǒuyǔ.

4 我要多尝(一)尝麻辣香锅。

Wǒ yào duō cháng (yi) cháng málàxiāngguō.

5 我们在网上找了找，可是没找到。

Wǒmen zài wǎngshang zhǎo le zhǎo, kěshì méi zhǎodào.

6 我们在外面等了等，可是没等到。

Wǒmen zài wàimian děng le děng, kěshì méi děngdào.

1 나는 중국 민요를 좀 들어 보고 싶어.

2 나는 태극권을 좀 배워 보고 싶어.

3 나는 중국어 입말을 좀 더 연습해야 해.

4 나는 마라샹궈를 좀 더 먹어 볼 거야.

5 우리가 인터넷에서 좀 찾아봤는데, 그러나 찾지 못했어요.

6 우리가 밖에서 좀 기다려 봤는데, 그러나 기다리다 말았어요.

Skill Up

1. 아래 문제 ❶과 같이 주어진 어구를 활용하여 문장을 완성하세요.

❶

- 听, 中国民歌

> 我想听(一)听中国民歌。

❷

- 学, 太极拳

>

❸

- 练, 汉语口语

>

❹

- 玩儿, 电脑游戏

>

2. 아래 괄호 안에 들어갈 알맞은 어구를 골라 써 넣으세요.

❶ 我们在网上（　　　），可是没找到。

　A 写了写　　　　B 送了送　　　　C 找了找　　　　D 洗了洗

❷ 他们在后边（　　　），可是没听到。

　A 听一听　　　　B 听听　　　　　C 听了听　　　　D 看了看

❸ 我们在门口（　　　），可是没看到。

　A 看一看　　　　B 看了看　　　　C 见一见　　　　D 见了见

1 你好好儿考虑考虑吧。
Nǐ hǎohāor kǎolùkǎolù ba.

2 你好好儿研究研究吧。
Nǐ hǎohāor yánjiūyánjiū ba.

3 你好好儿收拾收拾吧。
Nǐ hǎohāor shōushishōushi ba.

4 周末散散步，聊聊天。
Zhōumò sànsanbù, liáoliaotiān.

5 早上跑跑步，跳跳舞。
Zǎoshang pǎopaobù, tiàotiaowǔ.

6 假期打打工，散散心。
Jiàqī dǎdagōng, sànsanxīn.

1 네가 잘 고민해 봐.

2 네가 잘 연구해 봐.

3 네가 잘 정리해 봐.

4 주말에 산책도 하고 수다도 떨어요.

5 아침에 달리기도 하고 춤도 춰요.

6 휴가 때 알바도 하고 기분 전환도 해요.

1. 아래 문제 **❶**과 같이 주어진 단어를 활용하여 문장을 완성하세요.

❶

– 跑步, 跳舞

> 跑跑步， 跳跳舞。

❷

– 洗澡, 睡觉

>

❸

– 聊天, 散步

>

❹

– 打工, 散心

>

2. 아래 동사들을 중첩식으로 만들어 보세요.

❶ 考虑 >

❷ 收拾 >

❸ 学习 >

❹ 参观 >

❺ 研究 >

❻ 休息 >

1 他今年事事都不顺利。
Tā jīnnián shìshì dōu bú shùnlì.

2 这件事人人都有责任。
Zhè jiàn shì rénrén dōu yǒu zérèn.

3 我们班同学个个都很优秀。
Wǒmen bān tóngxué gègè dōu hěn yōuxiù.

4 公司的事情件件都很重要。
Gōngsī de shìqing jiànjiàn dōu hěn zhòngyào.

5 照片都是我一张张选出来的。
Zhàopiàn dōu shì wǒ yì zhāngzhāng xuǎn chūlái de.

6 资料都是我一个个找出来的。
Zīliào dōu shì wǒ yí gègè zhǎo chūlái de.

1 그는 올해 만사가 순조롭지 않다.

2 이 일은 누구에게나(모두에게) 책임이 있다.

3 우리 반 학우들은 하나하나 모두 우수해요.

4 회사의 일은 모든 것이(하나하나) 다 중요해요.

5 사진은 모두 제가 한 장 한 장 골라낸 것입니다.

6 자료는 모두 제가 하나하나 찾아낸 것입니다.

1. 아래 문제 ❶과 같이 주어진 어구를 활용하여 문장을 완성하세요.

❶

– 我们班同学, 个个, 优秀

> 我们班同学个个都很优秀。

_____

❷

– 公司的事情, 件件, 重要

> _____

❸

– 这些照片, 张张, 好看

> _____

❹

– 这家的菜, 个个, 好吃

> _____

2. 아래 두 그룹의 단어들을 연관이 있는 것끼리 연결해 보세요. (1회씩만 연결 가능)

❶ 件件 •

• A 同学

❷ 条条 •

• B 照片

❸ 个个 •

• C 大路

❹ 张张 •

• D 事情

🗨 Dialogue

회화의 한어병음과 한자를 정확하게 읽어 보세요.

🅐 Zhège zhōumò hái qù dǎ gāo'ěrfū ma?

🅑 Zhè jǐ tiān tiāntiān jiābān, máng sǐ le. Zhōumò xiǎng hǎohāor
xiūxixiūxi. Nǐ yǒu shìr ma?

🅐 Méi shénme tèbié de shìr. Jiùshì xiǎng zhǎo nǐ chūqù guàng
yi guàng.

🅑 Yǒu shénme hǎowánr de dìfang tuījiàn yíxià.

🅐 Tīngshuō Wángfǔjǐng dàjiē xīn kāi le jiā dàxíng gòuwù
shāngchǎng. Wǒ xiǎng chènzhe kāiyè dà cùxiāo mǎi diǎnr
huànjì de yīfu.

🅑 Hǎo a. Zhènghǎo wǒ yě xiǎng qù tǐyù yòngpǐn diàn
zhuànzhuan.

01-05

Ⓐ 这个周末还去打高尔夫吗？

Ⓑ 这几天天天加班，忙死了。周末想好好儿休息休息。你有事儿吗？

Ⓐ 没什么特别的事儿。就ᴳ是想找你出去逛一逛。

Ⓑ 有什么好玩儿的地方推荐一下。

Ⓐ 听说王府井大街新开了家大型购物商场。我想趁着ᴳ开业大促销买点儿换季的衣服。

Ⓑ 好啊。正好我也想去体育用品店转转。

Ⓐ (너) 이번 주말에도 골프 치러 가니?

Ⓑ 요 며칠 매일 야근을 해서 정신없이 바빴거든. 주말엔 편안히(잘) 좀 쉬려고. (너) 무슨 일 있어?

Ⓐ 특별한 일은 없어. 그냥 너랑 나가서 쇼핑 좀 하고 싶어서.

Ⓑ 재미난 곳 있으면 추천 좀 해 봐.

Ⓐ 듣자 하니 왕푸징 거리에 대형 쇼핑몰이 새로 문을 열었대. 개점 세일하는 기회에 환절기 옷을 좀 사고 싶어.

Ⓑ 좋아. 이참에 나도 스포츠용품점을 좀 둘러봐야겠다.

우공이산

'하늘은 스스로 돕는 자를 돕는다'는 말이 있다. 이 말은 중국어로 "老天不负苦心人。(Lǎotiān bú fù kǔxīn rén.)"이라고 한다. 문장 그대로 번역하면 "하늘은 노력한 사람을 배신하지 않는다."는 말이다. 중국에는 이와 같은 내용을 담은 고사성어가 있는데, 바로 '우공이산(愚公移山)'이다. 우공이산은 오랜 시간이 걸리더라도 꾸준히 노력해 나간다면 결국엔 뜻을 이룰 수 있다는 뜻의 사자성어이다.

출처: 『열자(列子)』

Yúgōng yíshān (1)

Hěn jiǔ yǐqián, yǒu yí wèi lǎorén jiào Yúgōng. Tā jiā ménkǒu yǒu liǎng zuò gāogāo de shān, liǎng zuò shān dǎngzài Yúgōng jiā ménkǒu, Yúgōng jìnjìnchūchū yào rào hěn yuǎn hěn yuǎn de lù.

Yǒu yìtiān, Yúgōng duì jiārén shuō: "Wǒmen yìqǐ bǎ liǎng zuò dà shān yíkāi, hǎo bu hǎo?" Érzi hé sūnzi dōu diǎndian tóu, kě tā de qīzi què yáoyao tóu shuō: "Nǐ bān yí ge tǔqiū de lìqi dōu méiyǒu, hái xiǎng yí dà shān? Jiùsuàn bān de dòng, nà xiē shíkuàir zěnme bàn?" Yúgōng tīng hòu xiào le xiào shuō: "Kěyǐ rēngdào hǎi li qù."

아주 오래전에 우공이라 불리는 한 노인이 있었다. 그의 집 입구에 두 개의 매우 높은 큰 산이 있었는데 그 두 개의 산이 우공의 집 입구를 막고 있어 우공은 들고 날 때에 매우 먼 길을 돌아서 다녀야만 했다.

어느 날 우공이 가족에게 "우리 함께 저 두 큰 산을 옮겨 보면 어떨까?"하고 말하니 아들과 손자는 모두 그러자고 했으나 그의 아내가 고개를 가로저으며 말했다. "당신은 작은 흙더미 하나 나를 기운도 없으면서 저 큰 산을 옮기겠다고요? 설사 옮길 수 있다고 쳐요. 그럼 저 돌덩이들은 어떻게 하려고요?" 우공은 그 말을 듣고 웃으며 "바다에 던지면 되지."라고 하였다.

愚公移山 (1)

　　很久以前，有一位老人叫愚公。他家门口有两座高高的山，两座山挡在愚公家门口，愚公进进出出要绕很远很远的路。

　　有一天，愚公对家人说："我们一起把两座大山移开，好不好？"儿子和孙子都点点头，："你搬一个土丘的力气都没有，还想移大山？就算搬得动，那些石块儿怎么办？"愚公听后笑了笑说："可以扔到海里去。"

💬 **대화하기**　愚公为什么要移山？

| 단어 |

愚公 Yúgōng 우공(인명) | 移 yí 옮기다 | 以前 yǐqián 이전 | 座 zuò 개 [산, 건물 등을 세는 양사] | 挡 dǎng 막다 |
绕 rào 우회하다 | 孙子 sūnzi 손자 | 点头 diǎntóu 고개를 끄덕이다 | 妻子 qīzi 아내 | 摇头 yáotóu 고개를 가로젓다 |
土丘 tǔqiū 작은 토산, 흙 언덕 | 力气 lìqi 기운, 기력 | 就算 jiùsuàn 설사 ~라 하더라도

该说的(话)
一定要说。

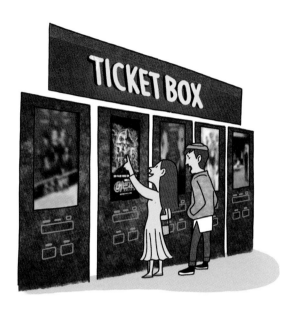

Play point 01 该说的(话)一定要说。

Play point 02 我请他来，他怎么也不肯来。

Play point 03 你得把衣服洗干净。

Play point 04 过几天应该会有效果(的)。

该说的(话)一定要说。

1 该说的(话)一定要说。
Gāi shuō de (huà) yídìng yào shuō.

2 该还的(钱)一定要还。
Gāi huán de (qián) yídìng yào huán.

3 我们(应)该好好儿收拾一下。
Wǒmen (yīng)gāi hǎohāor shōushi yíxià.

4 我们(应)该好好儿打扮一下。
Wǒmen (yīng)gāi hǎohāor dǎbàn yíxià.

5 你不(应)该麻烦别人。
Nǐ bù (yīng)gāi máfan biérén.

6 你不(应)该怀疑朋友。
Nǐ bù (yīng)gāi huáiyí péngyou.

1 해야 한 말은 꼭 해야 하다.

2 갚아야 할 돈은 꼭 갚아야 한다.

3 우리가 잘 좀 정리해야 해요.

4 우리가 잘 좀 꾸며야 해요.

5 너 다른 사람을 귀찮게 하면 안 돼.

6 너 친구를 의심하면 안 돼.

Skill Up

1. 아래 문제 ❶과 같이 주어진 어구를 활용하여 문장을 완성하세요.

❶

– 还钱

› 该还的(钱)一定要还。

❷

– 说话

›

❸

– 做事

›

❹

– 帮人

›

2. 다음 문장에서 제시어가 들어갈 정확한 위치를 찾아 체크해 보세요.

❶ 我们 A 好好儿 B 收拾 C 一下 D。 (应该)

❷ 我们 A 该 B 打扮 C 一下 D。 (好好儿)

❸ 你 A 应该 B 麻烦 C 别人 D。 (不)

Chapter 02. 该说的(话)一定要说。　29

我请他来，他怎么也不肯来。

02-02

1 我请他来，他怎么也不肯来。
Wǒ qǐng tā lái, tā zěnme yě bù kěn lái.

2 我叫他走，他怎么也不肯走。
Wǒ jiào tā zǒu, tā zěnme yě bù kěn zǒu.

3 你愿意去东京出差吗？
Nǐ yuànyì qù Dōngjīng chūchāi ma?

4 你愿意来首尔工作吗？
Nǐ yuànyì lái Shǒu'ěr gōngzuò ma?

5 你愿不愿意来接我？
Nǐ yuàn bu yuànyì lái jiē wǒ?

6 你愿不愿意来帮我？
Nǐ yuàn bu yuànyì lái bāng wǒ?

1 내가 그에게 오라고 청했지만 그는 어떻게 해도 오려 하지 않는다.

2 내가 그에게 가라고 시켰지만 그는 어떻게 해도 가려 하지 않는다.

3 당신은 도쿄로 출장 가기를 원하세요?

4 당신은 서울로 일하러 오기를 원하세요?

5 너 나 데리러 올 거야?

6 너 나 도와주러 올 거야?

Skill Up

1. 아래 문제 ❶과 같이 주어진 어구를 활용하여 문장을 완성하세요.

❶

- 来接我

> 你愿不愿意来接我？

❷

- 来帮我

>

❸

- 去出差

>

❹

- 去送我

>

2. 아래 괄호 안에 들어갈 알맞은 단어를 골라 써 넣으세요.

❶ 我 （　　　） 他来，他怎么也不肯来。

   A 请　　　　　　B 送　　　　　　C 接　　　　　　D 洗

❷ 我 （　　　） 他走，他怎么也不肯走。

   A 做　　　　　　B 开　　　　　　C 喝　　　　　　D 叫

❸ 我 （　　　） 他选，他怎么也不肯选。

   A 说　　　　　　B 炒　　　　　　C 让　　　　　　D 做

你得把衣服洗干净。

02-03

1 **你得把衣服洗干净。**
Nǐ děi bǎ yīfu xǐ gānjìng.

2 **你得把房间整理好。**
Nǐ děi bǎ fángjiān zhěnglǐ hǎo.

3 **你得把自己照顾好。**
Nǐ děi bǎ zìjǐ zhàogù hǎo.

4 **要完成任务，少说也得(花)两个月。**
Yào wánchéng rènwù, shǎoshuō yě děi (huā) liǎng ge yuè.

5 **要通过考试，少说也得(花)一两年。**
Yào tōngguò kǎoshì, shǎoshuō yě děi (huā) yì liǎng nián.

6 **要博士毕业，少说也得(花)四五年。**
Yào bóshì bìyè, shǎoshuō yě děi (huā) sì wǔ nián.

1 당신은 옷을 깨끗하게 빨아야 해요.

2 당신은 방을 잘 정리해야 해요.

3 당신은 스스로를 잘 돌봐야(챙겨야) 해요.

4 임무를 완성하려면 적어도 두 달 걸립니다.

5 시험에 통과하려면 적어도 1, 2년은 걸립니다.

6 박사를 졸업하려면 적어도 4, 5년은 걸립니다.

1. 아래 문제 ❶과 같이 주어진 어구를 활용하여 문장을 완성하세요.

❶

– 洗衣服, 干净

> 你得把衣服洗干净。

❷

– 洗头发, 干净

>

❸

– 整理房间, 好

>

❹

– 照顾自己, 好

>

2. 아래의 문장을 읽고 문장이 올바르면 ✓, 틀리면 ✕를 표시하세요.

❶ 要完成任务，少说也得两个月。 ( )

❷ 要通过考试，少说也花一两年。 ( )

❸ 要博士毕业，多说也得花四五年。 ( )

过几天应该会有效果(的)。

1 过几天应该会有效果(的)。
Guò jǐ tiān yīnggāi huì yǒu xiàoguǒ (de).

2 过几天应该能有结果。
Guò jǐ tiān yīnggāi néng yǒu jiéguǒ.

3 你得会懂得照顾自己。
Nǐ děi huì dǒngde zhàogù zìjǐ.

4 你得会懂得原谅别人。
Nǐ děi huì dǒngde yuánliàng biérén.

5 这部电影应该得两个小时吧。
Zhè bù diànyǐng yīnggāi děi liǎng ge xiǎoshí ba.

6 这件衣服应该得一千多块吧。
Zhè jiàn yīfu yīnggāi děi yì qiān duō kuài ba.

1 며칠 지나면 틀림없이 효과가 있을 겁니다.

2 며칠 지나면 틀림없이 결과가 나올(수 있을) 겁니다.

3 당신은 자신을 돌볼 줄(챙길 줄) 알아야 해요.

4 당신은 다른 사람을 용서할 줄 알아야 해요.

5 이 영화는 두 시간은 걸릴 거예요.

6 이 옷은 1천여 위안은 될 거예요.

Skill Up

1. 아래 문제 ❶과 같이 주어진 어구를 활용하여 문장을 완성하세요.

❶

– 有效果

> 过几天应该会有效果。

❷

– 有时间

>

❸

– 有结果

>

❹

– 有答案

>

2. 아래 두 그룹의 단어들을 연관이 있는 것끼리 연결한 후 직접 써 보고 의미를 생각하며 말해 보세요. (1회씩만 연결 가능)

❶ 照顾 • • A 考试　> 照顾自己 (자신을 돌보다)

❷ 通过 • • B 朋友　>

❸ 完成 • • C 任务　>

❹ 原谅 • • D 自己　>

💬 Dialogue

회화의 한어병음과 한자를 정확하게 읽어 보세요.

🅐 Zhè jiā shāngchǎng xīn kāi de diànyǐngyuàn háohuá qìpài,
huánjìng tèbié hǎo.

🅑 Kàn diànyǐng yīnggāi huì hěn guòyǐn ba?

🅐 Nà hái yòng shuō. Nǐ yě yīnggāi qù jiànshi yíxià.

🅑 Wǒ yǐjīng hěn cháng shíjiān méi kàn diànyǐng le. Zuìjìn yǒu
shénme hǎokàn de diànyǐng ma?

🅐 Qián liǎng tiān《Fùchóuzhě Liánméng》gāng shàngyìng.
Nǐ kěyǐ qù kànkan.

🅑 Zhè bù diànyǐng, yīnggāi děi sān ge xiǎoshí ba?

🅐 Shì a. Zhège xìliè de diànyǐng, nǐ dōu kànguo ma?

🅑 Kàn shì kàn le, kěshì dōu wàng le. Wǒ huíqù děi bǎ shàng yí
bù zài hǎohāor kàn yí biàn.

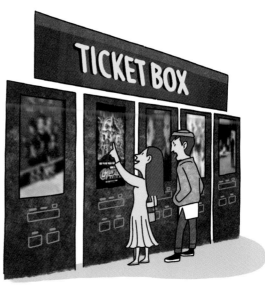

02-05

Ⓐ 这家商场新开的电影院豪华气派，环境特别好。

Ⓑ 看电影应该会很过瘾吧?

Ⓐ 那还用说。你也应该去见识一下。

Ⓑ 我已经很长时间没看电影了[G]。最近有什么好看的电影吗?

Ⓐ 前两天《复仇者联盟(The Avengers)》刚上映。你可以去看看。

Ⓑ 这部电影，应该得三个小时吧?

Ⓐ 是啊。这个系列的电影，你都看过吗?

Ⓑ 看是看了，可是都忘了。我回去得把上一部再好好儿看一遍。

Ａ 이 백화점에 새로 개관한 영화관이 화려하고 근사한 게, 아주 쾌적해.

Ｂ (여기서 영화를 보면) 영화 보는 게 정말 황홀할 것 같지?

Ａ 내 말이. 너도 한번 경험해 봐.

Ｂ 내가 영화를 안 본 지가 이미 오래 돼서. 요즘 무슨 재미있는 영화가 있어?

Ａ 엊그제 〈어벤져스〉가 막 개봉했어. 너도 가서 봐 봐.

Ｂ 이 영화라면 세 시간 정도는 걸리겠지?

Ａ 응. 이 시리즈 영화 (너는) 다 봤어?

Ｂ 보기는 봤는데 다 까먹었어. 나 돌아가서 지난 편을 다시 한 번 잘 좀 봐야겠다.

Yúgōng yíshān (2)

　　Dì èr tiān, Yúgōng hé tā de érzi、sūnzi, láidào shān shàng kāishǐ wā. Yǒu yí ge jiào Zhìsǒu de lǎorén, cháoxiào tāmen shuō: "Yúgōng, nǐ zhème lǎo le, hái qù yí shān? Nǐ bāndào sǐ, yě bù kěnéng bǎ shān yíkāi!"

　　Yúgōng xiào le xiào shuō: "Wǒ suīrán lǎo, dàn hái yǒu érzi, érzi hái huì shēng sūnzi, wǒmen de zǐzǐsūnsūn kěyǐ yìzhí bān xiàqù, zǒng yǒu yìtiān wǒmen huì bǎ zhè liǎng zuò shān bānzǒu, shì shàng nǎr yǒu kèfú bu liǎo de kùnnán?" Zhìsǒu wú huà kě shuō, jiù zǒu le.

　　Hòulái, tiānshén zhīdào zhè jiàn shì, shuō: "Zhège Yúgōng zhēn yǒu héngxīn! Wǒ lái bāngbang tā ba!", jiù bǎ nà liǎng zuò shān bānzǒu le.

- -

　　이튿날 우공과 그의 아들, 그리고 손자가 산에 와서 (흙을) 파기 시작하였다. 지수라고 불리는 한 노인이 그들을 비웃으며 "우공, 당신이 이렇게 늙었는데 산을 옮기겠다고? 당신이 죽을 때까지 옮긴다고 해도 이 산을 다 옮길 수는 없을 걸세!"라고 말하였다.

　　우공이 웃으며 "내가 비록 늙었지만, (나에게는) 아들도 있고, 아들은 (언젠간) 또 손자를 낳을 것이니, 우리의 자자손손이 계속 (멈추지 않고) 옮긴다면 결국 언젠가는 우리가 저 두 개의 산을 옮겨 놓을 수 있을 것이니, 세상에서 극복하지 못할 어려움이 어디에 있겠소?"라고 말하였다. 지수는 대답할 말을 찾지 못하고 가버렸다.

　　그 후로 천신이 이 일을 알고서는 말하기를 "이 우공이라는 사람은 정말 의지가 강하군! 내가 그를 좀 도와주어야겠어!"라고 하고는, 바로 그 산 두 개를 옮겨 버렸다.

- -

愚公移山 (2)

　　第二天，愚公和他的儿子、孙子，来到山上开始挖。有一个叫智叟的老人，嘲笑他们说："愚公，你这么老了，还去移山？你搬到死，也不可能把山移开！"

　　愚公笑了笑说："我虽然老，但还有儿子，儿子还会生孙子，我们的子子孙孙可以一直搬下去，总有一天我们会把这两座山搬走，世上哪儿有克服不了的困难？"智叟无话可说，就走了。

　　后来，天神知道这件事，说："这个愚公真有恒心！我来帮帮他吧！"，就把那两座山搬走了。

💬 **대화하기**　　愚公移山故事的教训是什么？

｜단어｜

挖 wā 파다 ｜智叟 Zhìsǒu 지수(인명) ｜嘲笑 cháoxiào 비웃다 ｜克服不了 kèfú bu liǎo 극복할 수 없다 ｜困难 kùnnán
곤란, 어려움 ｜无话可说 wú huà kě shuō 할 말이 없다, 유구무언이다 ｜天神 tiānshén 천신 ｜恒心 héngxīn 의지,
신념 ｜教训 jiàoxùn 교훈

我们终于有时间了。

 01 我们终于有时间了。

 02 衣服脏了，该洗了。

 03 她说着说着就哭了。

 04 我已经解释过了。

1 **我们终于有时间了。**
Wǒmen zhōngyú yǒu shíjiān le.

2 **大家都没有意见了。**
Dàjiā dōu méiyǒu yìjiàn le.

3 **他28岁已经是教授了。**
Tā èrshíbā suì yǐjīng shì jiàoshòu le.

4 **他这已经不是第一次了。**
Tā zhè yǐjīng bú shì dì yī cì le.

5 **雪越来越大了，我不去了。**
Xuě yuè lái yuè dà le, wǒ bú qù le.

6 **价格越来越高了，我不买了。**
Jiàgé yuè lái yuè gāo le, wǒ bù mǎi le.

1 우리는 결국 시간이 생겼다.

2 모두 다 이견이 없다.

3 그는 28세에 이미 교수가 되었습니다.

4 그는 이번이 이미 첫 번째가 아닙니다.

5 눈이 갈수록 많이 와서 전 안 갈래요.

6 가격이 갈수록 올라서 난 안 살래요.

1. 아래 문제 ❶과 같이 주어진 단어를 활용하여 문장을 완성하세요.

❶

－ 雪, 大, 去

> 雪越来越大了, 我不去了。

❷

－ 价格, 高, 买

>

❸

－ 雨, 大, 去

>

❹

－ 打工, 难, 干

>

2. 다음 문장에서 제시어가 들어갈 정확한 위치를 찾아 체크해 보세요.

❶ 他 A 28岁 B 是 C 教授 D 了。 （已经）

❷ 他 A 这 B 不 C 是 D 第一次了。 （已经）

❸ 我们交往 A 已经 B 是 C 一天 D 两天了。 （不）

衣服脏了，该洗了。

03-02

1 **衣服脏了，该洗了。**
Yīfu zāng le, gāi xǐ le.

2 **衬衫旧了，该买了。**
Chènshān jiù le, gāi mǎi le.

3 **天快要亮了。**
Tiān kuàiyào liàng le.

4 **春节快要到了。**
Chūnjié kuàiyào dào le.

5 **飞机就要起飞了。**
Fēijī jiù yào qǐfēi le.

6 **火车就要进站了。**
Huǒchē jiù yào jìn zhàn le.

1 옷이 더러워서 빨아야겠어요.

2 셔츠가 낡아서 사야겠어요.

3 날이 곧 밝을 거야.

4 곧 설날이야.

5 비행기가 곧 이륙합니다.

6 기차가 곧 역으로 들어옵니다.

Skill Up

1. 아래 문제 ❶과 같이 주어진 어구를 활용하여 문장을 완성하세요.

❶

– 衬衫旧, 买

❯ 衬衫旧了, 该买了。

❷

– 鞋脏, 洗

❯

❸

– 时间不早, 走

❯

❹

– 我累, 睡觉

❯

2. 아래 괄호 안에 들어갈 알맞은 단어를 골라 써 넣으세요.

❶ 飞机就要起飞（　　　）。

　　A 了　　　　　　B 着　　　　　　C 过　　　　　　D 的

❷ 火车（　　　）要进站了。

　　A 是　　　　　　B 不　　　　　　C 就　　　　　　D 才

❸ 再过两天就（　　　）开学了。

　　A 会　　　　　　B 能　　　　　　C 可以　　　　　　D 要

她说着说着就哭了。

03-03

1 **她说着说着就哭了。**
Tā shuōzhe shuōzhe jiù kū le.

2 **他看着看着就会了。**
Tā kànzhe kànzhe jiù huì le.

3 **他刚才还找你来着。**
Tā gāngcái hái zhǎo nǐ láizhe.

4 **他去年还回家来着。**
Tā qùnián hái huí jiā láizhe.

5 **那句话怎么说来着?**
Nà jù huà zěnme shuō láizhe?

6 **那个演员叫什么来着?**
Nàge yǎnyuán jiào shénme láizhe?

1 그녀는 말을 하면서(말하다가) 울어 버렸다.

2 그는 보면서(보다가) 할 줄 알게 되었다.

3 그가 방금 전에도 당신을 찾았었어요.

4 그는 작년에도 집에 왔었어요.

5 그 말은 어떻게 말하는 거였지?

6 저 배우 이름이 뭐였지?

Skill Up

1. 아래 문제 ❶과 같이 주어진 어구를 활용하여 문장을 완성하세요.

❶

– 说, 哭

> 她说着说着就哭了。
_____

❷

– 吃, 睡着

>
_____

❸

– 笑, 哭

>
_____

❹

– 喝, 醉

>
_____

2. 아래 괄호 안에 들어갈 알맞은 어구를 골라 써 넣으세요.

❶ 那句话（　　　）说来着?

　　A 怎么　　　　B 怎么样　　　C 什么　　　D 为什么

❷ 那个演员叫（　　　）来着?

　　A 怎么　　　　B 怎么样　　　C 什么　　　D 为什么

❸ 我刚才还找你（　　　）。

　　A 去着　　　　B 走着　　　　C 说着　　　D 来着

我已经解释过了。

03-04

1 **我已经解释过了。**
Wǒ yǐjīng jiěshì guo le.

2 **我已经检查过了。**
Wǒ yǐjīng jiǎnchá guo le.

3 **我已经反映过了。**
Wǒ yǐjīng fǎnyìng guo le.

4 **我也曾经年轻过。**
Wǒ yě céngjīng niánqīng guo.

5 **我也曾经浪漫过。**
Wǒ yě céngjīng làngmàn guo.

6 **我也曾经得意过。**
Wǒ yě céngjīng déyì guo.

1 저는 이미 설명했어요.

2 나는 이미 검사했어요.

3 나는 이미 반영했어요(전달했어요).

4 나도 젊었던 때가 있었지.

5 나도 한때 로맨틱했었지.

6 나도 한때 잘나갔었지.

Skill Up

1. 아래 문제 **❶**과 같이 주어진 단어를 활용하여 문장을 완성하세요.

❶

- 我, 解释

› 我已经解释过了。

❷

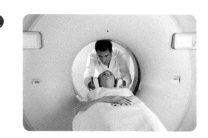

- 她, 检查

›

❸

LIKE

- 大家, 反映

›

❹

- 经理, 介绍

›

2. 아래 괄호 안에 들어갈 알맞은 단어를 골라 써 넣으세요.

❶ 他（　　　）在大学教过书。

    A 常常　　　　　　B 经常　　　　　　C 已经　　　　　　D 曾经

❷ 我也曾经年轻（　　　）。

    A 了　　　　　　　B 着　　　　　　　C 过　　　　　　　D 的

❸ 我（　　　）曾经学过汉语。

    A 也　　　　　　　B 都　　　　　　　C 总　　　　　　　D 全

회화의 한어병음과 한자를 정확하게 읽어 보세요.

🅐 Xià ge yuè wǒ péngyou jiù yào jiéhūn le, tā yāoqǐng wǒ cānjiā

tā de hūnlǐ.

🅑 Wā, yídìng hěn hǎowánr. Wǒ cónglái méi qùguo Zhōngguó

hūnlǐ.

🅐 Wǒ zhè yǐjīng shì dì sān cì le.

🅑 Zhōngguó de hūnlǐ yǒu shénme tèbié zhī chù ma?

🅐 Zuìjìn Zhōngguó hūnlǐ yuè lái yuè xīshì huà le, wǒ zuì xǐhuan

de shì sòng xǐtáng zhège huánjié.

🅑 Āiyō, shuōzhe shuōzhe jiù dào fàn diǎn le, wǒmen chīguo fàn

zài zǒu ba.

🅐 Nǐ gāngcái shuō xiǎng chī shénme láizhe, wǒmen qù

chángchang?

🅑 Wǒ shuō wǒ xiǎng chī málàtàng, zǒu ba.

Ⓐ 下个月我朋友就要结婚了，她邀请我参加她的婚礼。

Ⓑ 哇，一定很好玩儿。我从来没去过中国婚礼。

Ⓐ 我这已经是第三次了。

Ⓑ 中国的婚礼有什么特别之处ᴳ吗?

Ⓐ 最近中国婚礼越来越西式化了，我最喜欢的是送喜糖这个环节。

Ⓑ 哎哟，说着说着就到饭点了，我们吃过饭再ᵀ走吧。

Ⓐ 你刚才说想吃什么来着，我们去尝尝?

Ⓑ 我说我想吃麻辣烫，走吧。

> 부사 '再'는 '(~하고 나서) 다시'의 의미로, 어떤 동작이 끝난 후에 또 다른 동작이 일어남을 나타낸다.
> 예 吃过夜宵再睡。 야식을 먹고 나서 잔다.
> 换过衣服再去。 옷을 갈아입고 나서 간다.

Ⓐ 다음 달에 내 친구가 결혼하는데, 그녀가 나를 자기(그녀의) 결혼식에 초대했어.

Ⓑ 와, 분명 재미있을 거야. 나는 지금까지 중국 결혼식에 가 본 적이 없는데.

Ⓐ 난 이게 벌써 세 번째야.

Ⓑ 중국 결혼식에 무슨 특별한 점이 있어?

Ⓐ 요즘 중국 결혼식은 갈수록 서구화됐어. 내가 제일 좋아하는 건 (답례로) 결혼식 사탕을 주는 이 부분이야.

Ⓑ 아유, 얘기하다 보니 벌써 밥때가 되었네, 우리 밥 먹고 가자.

Ⓐ 네가 방금 뭐 먹고 싶다고 했었는데, 우리 가서 먹어 볼까?

Ⓑ 내가 마라탕 먹고 싶다고 했어, (그럼) 가자.

새옹지마

'인간만사 새옹지마(人间万事，塞翁之马)'라는 속담이 있다. 이 속담은 "눈앞의 결과만을 가지고 너무 연연해하지 말라."라는 의미로, 중국의 사자성어에서 온 표현이다. 중국에서는 '塞翁失马(새옹이 말을 잃어버리다)'라는 사자성어로 표현하는데, 이 사자성어의 내용은 좋은 일이 화가 되어 돌아올 수도 있고, 화가 도리어 좋은 일을 불러올 수도 있다는 것이다.

출처: 『회남자(淮南子)』

Sàiwēng shī mǎ (1)

Yǒu yí ge lǎorén, jiào Sàiwēng, yǎng le hěn duō mǎ. Yìtiān, yǒu yì pǐ mǎ zǒudiū le, línjūmen ānwèi tā, tā xiàozhe shuō: "Méi shénme, diū le yì pǐ mǎ yǒu kěnéng shì fúqi ne."

Guò le jǐ tiān, nà pǐ mǎ zìjǐ huílái le, hái dàihuí yì pǐ Xiōngnú de jùnmǎ. Línjūmen dōu hěn xiànmù, tā què yōulǜ de shuō: "Bái dé yì pǐ mǎ, bù yídìng shì shénme fúqi."

새옹이라 불리는 한 노인이 있었는데, 그는 많은 말을 길렀다. 어느 날 말 한 필이 달아나서, 이웃들이 그를 위로하자 새옹이 웃으며 말했다. "말 한 필 잃어버린 일이 어떤 복을 불러올 수도 있겠지요."

며칠 지나 잃어버렸던 그 말이 스스로 돌아왔을 뿐만 아니라 흉노족의 준마 한 필까지 데려왔다. 이웃들은 모두 부러워했지만 새옹은 오히려 걱정스럽게 말하였다. "공짜로 말 한 필 얻은 것이 꼭 무슨 복이 아닐 수도 있지요."

塞翁失马 (1)

　　有一个老人，叫塞翁，养了很多马。一天，有一匹马走丢了，邻居们安慰他，他笑着说："没什么，丢了一匹马有可能是福气呢。"

　　过了几天，那匹马自己回来了，还带回一匹匈奴的骏马。邻居们都很羡慕，他却忧虑地说："白得一匹马，不一定是什么福气。"

대화하기　塞翁对走丢马这件事情怎么想？为什么？

단어

塞翁 Sàiwēng 새옹(인명) | 失 shī 잃다 | 马 mǎ 말 | 养 yǎng 기르다 | 匹 pǐ 필 [말, 노새 따위를 세는 양사] | 邻居 línjū 이웃 | 安慰 ānwèi 위로하다 | 福气 fúqi 복 | 匈奴 Xiōngnú 흉노(족) [민족] | 骏马 jùnmǎ 준마 | 忧虑 yōulù 우려하다, 걱정하다 | 白 bái 거저, 공짜로

Chapter
04

晚上的节目
我没有时间看。

학습 내용

 晚上的节目我没有时间看。

 我知道打羽毛球的好处。

 我想介绍在中国学习和生活的情况。

 公司真诚地欢迎新来的员工。

晚上的节目我没有时间看。

04-01

1 晚上的节目我没有时间看。
Wǎnshang de jiémù wǒ méiyǒu shíjiān kàn.

2 你们的晚会我没有时间去。
Nǐmen de wǎnhuì wǒ méiyǒu shíjiān qù.

3 温暖的春天，就要到了。
Wēnnuǎn de chūntiān, jiù yào dào le.

4 寒冷的冬天，就要走了。
Hánlěng de dōngtiān, jiù yào zǒu le.

5 今天参观的人特别多！
Jīntiān cānguān de rén tèbié duō!

6 早上锻炼的人真不少！
Zǎoshang duànliàn de rén zhēn bù shǎo!

1 저녁 프로그램은 내가 볼 시간이 없어.

2 너희들 파티에 나는 갈 시간이 없어.

3 따듯한 봄이 곧 온다.

4 추운 겨울이 곧 간다.

5 오늘 참관하는 사람이 특히 많네요!

6 아침에 단련하는 사람이 정말 적지 않네요!

Skill Up

1. 아래 문제 ❶과 같이 주어진 단어를 활용하여 문장을 완성하세요.

❶

– 参观, 人, 多

> 今天参观的人特别多！

_____

❷

– 锻炼, 人, 少

>

_____

❸

– 买, 东西, 多

>

_____

❹

– 看, 电影, 有意思

>

_____

2. 다음 문장에서 구조조사 '的'가 들어갈 위치를 골라 체크하세요.

❶ 晚上 A 节目 B 我没有 C 时间 D 看。

❷ 寒冷 A 冬天 B 就 C 要走 D 了。

❸ 早上 A 散步 B 人 C 很多 D 。

我知道打羽毛球的好处。

04-02

1 我知道打羽毛球的好处。
Wǒ zhīdào dǎ yǔmáoqiú de hǎochù.

2 我查找招聘员工的广告。
Wǒ cházhǎo zhāopìn yuángōng de guǎnggào.

3 我喜欢热爱生活的你们。
Wǒ xǐhuan rè'ài shēnghuó de nǐmen.

4 爷爷写的汉字特别漂亮。
Yéye xiě de hànzì tèbié piàoliang.

5 奶奶讲的故事很有意思。
Nǎinai jiǎng de gùshi hěn yǒuyìsi.

6 妈妈烤的饼干特别好吃。
Māma kǎo de bǐnggān tèbié hǎochī.

1 나는 배드민턴을 치는 장점을 안다.

2 나는 직원 채용 광고를 찾는다.

3 나는 삶을 열렬히 사랑하는(열심히 살아가는) 너희들을 좋아한다.

4 할아버지가 쓰신 한자가 특히 예뻐요.

5 할머니가 얘기하신 이야기는 매우 재미있어요.

6 엄마가 구운 과자는 특히 맛있어요.

Skill Up

1. 아래 문제 ❶과 같이 주어진 어구를 활용하여 문장을 완성하세요.

❶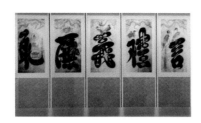

- 爷爷写, 汉字, 漂亮
> 爷爷写的汉字特别漂亮。

❷

– 奶奶讲, 故事, 有意思
>

❸

– 妈妈烤, 饼干, 好吃
>

❹

– 我买, 手机, 好看
>

2. 아래 괄호 안에 들어갈 알맞은 단어를 골라 써 넣으세요.

❶ 我常去卖（　　　）的书店。

A 中文书　　　　B 菜　　　　C 衣服　　　　D 咖啡

❷ 我喜欢（　　　）生活的你们。

A 幸福　　　　B 热爱　　　　C 美丽　　　　D 参观

❸ 我查找（　　　）员工的广告。

A 找人　　　　B 特别　　　　C 招聘　　　　D 公司

我想介绍在中国学习和生活的情况。

04-03

1
我想介绍在中国学习和生活的情况。
Wǒ xiǎng jièshào zài Zhōngguó xuéxí hé shēnghuó de qíngkuàng.

2
我们要提高阅读和写作的综合能力。
Wǒmen yào tígāo yuèdú hé xiězuò de zōnghé nénglì.

3
公司要提供安全和健康的工作环境。
Gōngsī yào tígōng ānquán hé jiànkāng de gōngzuò huánjìng.

4
这是一场非常精彩的比赛。
Zhè shì yì chǎng fēicháng jīngcǎi de bǐsài.

5
杭州是一座非常美丽的城市。
Hángzhōu shì yí zuò fēicháng měilì de chéngshì.

6
他有一个幸福美满的家庭。
Tā yǒu yí ge xìngfú měimǎn de jiātíng.

1 나는 중국에서의 공부와 생활 상황을 소개하고 싶다.

2 우리는 독해와 작문의 종합적인 능력을 향상시켜야 한다.

3 회사는 안전하고 건강한 업무 환경을 제공해야 한다.

4 이것은 대단히 멋진 시합이에요.

5 항저우는 매우 아름다운 도시예요.

6 그에게는 행복하고 원만한 가정이 있어요.

1. 아래 문제 ❶과 같이 주어진 어구를 활용하여 문장을 완성하세요.

❶

– 一场比赛, 精彩

〉 这是一场非常精彩的比赛。

❷

– 一座城市, 美丽

〉 _____

❸

– 一部电影, 有名

〉 _____

❹

– 一个家庭, 幸福美满

〉 _____

2. 아래 문장의 빈칸을 채워 주어진 의미에 맞게 완성하세요.

❶ 我想介绍在美国 _____情况。

나는 미국에서의 공부와 생활 상황을 소개하고 싶어요.

❷ 我们要提高 _____综合能力。

우리는 독해와 작문의 종합적인 능력을 향상시켜야 한다.

❸ 公司要提供 _____工作环境。

회사는 안전하고 건강한 업무 환경을 제공해야 한다.

1 **公司真诚地欢迎新来的员工。**
Gōngsī zhēnchéng de huānyíng xīn lái de yuángōng.

2 **我们会认真地考虑你的问题。**
Wǒmen huì rènzhēn de kǎolǜ nǐ de wèntí.

3 **我们早上开开心心地上班。**
Wǒmen zǎoshang kāikāixīnxīn de shàngbān.

4 **大家晚上安安全全地回家。**
Dàjiā wǎnshang ānānquánquán de huí jiā.

5 **我们非常愉快地过了圣诞节。**
Wǒmen fēicháng yúkuài de guò le Shèngdàn Jié.

6 **他们很快地适应了新的环境。**
Tāmen hěn kuài de shìyìng le xīn de huánjìng.

1 회사는 새로 온 직원을 진심으로 환영합니다.

2 우리는 당신의 문제를 진지하게 고려할 것입니다.

3 우리는 아침에 아주 즐겁게 출근한다.

4 모두들 저녁에 아주 안전히 귀가한다.

5 우리는 대단히 유쾌하게 크리스마스를 보냈어요.

6 그들은 새로운 환경에 아주 빨리 적응했어요.

Skill **Up**

1. 아래 문제 ❶과 같이 주어진 어구를 활용하여 문장을 완성하세요.

❶

- 开开心心, 上班

> 我们开开心心地上班。

_____

❷

- 安安全全, 回家

> _____

❸

- 高高兴兴, 下班

> _____

❹

- 认认真真, 学习

> _____

2. 아래 문장에서 괄호 안에 들어갈 조사(的, 地)를 써 넣으세요.

❶ 我们公司正在找优秀_____员工。

우리 회사는 우수한 직원을 찾고 있다.

❷ 公司真诚_____欢迎新来_____员工。

회사는 새로 온 직원을 진심으로 환영한다.

❸ 他们很快_____适应了新_____环境。

그들은 새로운 환경에 아주 빨리 적응했습니다.

회화의 한어병음과 한자를 정확하게 읽어 보세요.

Ⓐ Nánpéngyou de shēngrì kuàiyào dào le, gāi mǎi lǐwù le.

Ⓑ Nǐ yào mǎi shénme yàng de lǐwù?

Ⓐ Hái bù zhīdào, nǐ shuō gěi nánpéngyou mǎi shénme hǎo ne?

Ⓑ Nà děi kàn tā píngshí xǐhuan shénme le.

Ⓐ Tā xǐhuan ānānjìngjìng de pǐn chá.

Ⓑ Chá de zhǒnglèi hěn duō, bù zhīdào tā xǐhuan shénme chá?

Ⓐ Wǒ kàn tā jīngcháng hē pǔ'ěrchá, shuō bù shāng wèi.

Ⓑ Nà jiù mǎi yí ge Yúnnán chǎn de pǔ'ěrchá ba. Hěn hǎohē!

Ⓐ 男朋友的生日快要到了，该买礼物了。

Ⓑ 你要买什么样的礼物？

Ⓐ 还不知道，你说ᴳ给男朋友买什么好呢？

Ⓑ 那得看他平时喜欢什么了。

Ⓐ 他喜欢安安静静地品茶。

Ⓑ 茶的种类很多，不知道他喜欢什么茶？

Ⓐ 我看他经常喝普洱茶，说不伤胃。

Ⓑ 那就买一个云南产的普洱茶吧。很好喝！

Ａ 곧 남자친구의 생일이야. 선물 사야 하는데.

Ｂ 너 어떤 선물 사려고 하는데?

Ａ 아직 모르겠어. 남자친구에게 어떤 선물을 사 주면 좋을까?

Ｂ 그러면 그가 평소에 뭘 좋아했는지 봐야겠네.

Ａ (그는) 조용히 차를 음미하는 것을 좋아해.

Ｂ 차 종류가 많은데, (그가) 무슨 차 좋아하는지 몰라?

Ａ 내가 보니까 (그는) 보이차를 자주 마시던데, 위가 상하지 않는대.

Ｂ 그럼 윈난산 보이차 하나 사 봐. 맛이 좋아!

Sàiwēng shī mǎ (2)

　　Sàiwēng de érzi hěn xǐhuan zhè pǐ mǎ, tā měitiān dōu qí mǎ chūqù wán. Yìtiān, tā cóng mǎbèi shàng diào xiàlái, shuāiduàn le tuǐ. Línjūmen yòu lái ānwèi tā. Tā shuō: "Méi shénme, tuǐ shuāiduàn le yǒu kěnéng shì fúqi ne."

　　Bù jiǔ, Xiōngnú bīng rùqīn, niánqīngrén dōu děi rùwǔ. Sàiwēng de érzi yīnwèi shuāiduàn le tuǐ, jiù bù néng qù dāngbīng le. Rùwǔ de rén dōu zhànsǐ le, zhǐyǒu Sàiwēng de érzi bǎozhù le xìngmìng.

- -

　　새옹의 아들은 이 말을 너무 좋아해 매일 말을 타고 밖에 놀러 다녔다. 그러던 어느 날, 아들이 말 등에서 떨어져 다리가 부러졌다. 이웃들이 또 와서 위로의 말을 했는데, 새옹은 "별일 아닙니다. 다리 부러진 것이 어쩌면 복이 될 수도 있지요."라고 하였다.

　　머지않아 흉노병이 침략하여 청년들은 모두 입대해야 했지만, 새옹의 아들은 다리가 부러져 군대에 갈 수 없었다. 입대한 사람들은 모두 전사했고, 새옹의 아들만이 유일하게 목숨을 보전하였다.

- -

塞翁失马 (2)

　　塞翁的儿子很喜欢这匹马，他每天都骑马出去玩。一天，他从马背上掉下来，摔断了腿。邻居们又来安慰他。他说："没什么，腿摔断了有可能是福气呢。"

　　不久，匈奴兵入侵，年轻人都得入伍。塞翁的儿子因为摔断了腿，就不能去当兵了。入伍的人都战死了，只有塞翁的儿子保住了性命。

💬 **대화하기**　塞翁的儿子为什么不能去当兵?

┃ 단어 ┃

摔断 shuāiduàn 떨어져 부러지다 | **匈奴** Xiōngnú 흉노 | **兵** bīng 병사, 군인 | **入侵** rùqīn 침략하다 | **入伍** rùwǔ 입대하다 | **战** zhàn 싸우다 | **只有** zhǐyǒu 단지 | **保住** bǎozhù 지켜내다 | **性命** xìngmìng 목숨, 생명

他太有意思了。

 01 他太有意思了。

 02 那家东坡肉，好香啊。

 03 今天早上，他又迟到了。

 04 爷爷五点就起床了，爸爸十点才起床。

他太有意思了。

1 **他太有意思了。**
Tā tài yǒuyìsi le.

2 **他太不礼貌了。**
Tā tài bù lǐmào le.

3 **他太不一般了。**
Tā tài bú yìbān le.

4 **熊猫多(么)可爱啊!**
Xióngmāo duō(me) kě'ài a!

5 **孔雀多(么)漂亮啊!**
Kǒngquè duō(me) piàoliang a!

6 **考试多(么)重要啊!**
Kǎoshì duō(me) zhòngyào a!

1 그 사람은 너무 재미있어.

2 그 사람은 너무 예의가 없어.

3 그 사람은 너무 평범하지가 않다(특이하다).

4 판다가 너무 귀여워요(판다가 얼마나 귀여운지)!

5 공작이 너무 예뻐요(공작이 얼마나 예쁜지)!

6 시험이 너무 중요해요(시험이 얼마나 중요한지)!

1. 아래 문제 ❶과 같이 주어진 어구를 활용하여 문장을 완성하세요.

❶

- 它, 有意思

> 它太有意思了。

❷

- 他, 不礼貌

>

❸

- 麻辣香锅, 好吃

>

❹

- 这部电影, 好看

>

2. '多么'를 사용하여 아래 문장의 빈칸을 채워 주어진 의미에 맞게 완성하세요.

❶ 熊猫 _____! 판다가 너무 귀여워요!

❷ 孔雀 _____! 공작이 너무 예뻐요!

❸ 考试 _____! 시험이 너무 중요해요!

那家东坡肉，好香啊。

1 那家东坡肉，好香啊。
Nà jiā dōngpōròu, hǎo xiāng a.

2 那件皮夹克，好贵啊。
Nà jiàn píjiākè, hǎo guì a.

3 那家中餐厅，好火啊。
Nà jiā zhōngcāntīng, hǎo huǒ a.

4 这部电影，可好看了。
Zhè bù diànyǐng, kě hǎokàn le.

5 这家奶茶，可好喝了。
Zhè jiā nǎichá, kě hǎohē le.

6 这个款式，可流行了。
Zhège kuǎnshì, kě liúxíng le.

1 그 집 동파육은 정말 맛있어요.

2 저 가죽점퍼는 정말 비싸요.

3 저 중국식당은 정말 대박이에요(장사 잘돼요).

4 이 영화 엄청 재밌어.

5 이 집 밀크티 엄청 맛있어.

6 이 스타일 엄청 유행이야.

Skill Up

1. 아래 문제 ❶과 같이 주어진 어구를 활용하여 문장을 완성하세요.

❶

– 那家东坡肉, 香

> 那家东坡肉，好香啊。

_____

❷

– 这家中餐厅, 火

>

_____

❸

– 那件皮夹克, 贵

>

_____

❹

– 这家奶茶, 甜

>

_____

2. 아래 괄호 안에 들어갈 알맞은 양사를 골라 써 넣으세요.

❶ 这（　　　）电影，可好看了。

A 件 　　　　B 家 　　　　C 张 　　　　D 部

❷ 这（　　　）奶茶，可好喝了。

A 件 　　　　B 家 　　　　C 张 　　　　D 部

❸ 这（　　　）款式，可流行了。

A 只 　　　　B 张 　　　　C 个 　　　　D 部

1
今天早上，他又迟到了。
Jīntiān zǎoshang, tā yòu chídào le.

2
昨天下午，他又旷课了。
Zuótiān xiàwǔ, tā yòu kuàngkè le.

3
我回去再好好儿想想。
Wǒ huíqù zài hǎohāor xiǎngxiang.

4
我回去再考虑考虑。
Wǒ huíqù zài kǎolǜkǎolǜ.

5
从今以后，我再也不乱吃了！
Cóngjīn yǐhòu, wǒ zài yě bú luàn chī le!

6
从今以后，我再也不抽烟了！
Cóngjīn yǐhòu, wǒ zài yě bù chōu yān le!

1 오늘 아침에 그는 또 지각했다.

2 어제 오후에 그는 또 결석했다.

3 제가 돌아가서 더 잘 생각해 볼게요.

4 제가 돌아가서 더 고려해 볼게요.

5 지금부터 나는 다시는 함부로 먹지 않을 거야!

6 지금부터 나는 다시는 담배를 피우지 않을 거야!

Skill Up

1. 아래 문제 ❶과 같이 주어진 어구를 활용하여 문장을 완성하세요.

❶

- 今天早上, 迟到

> 今天早上，他又迟到了。

❷

- 昨天下午, 旷课

>

❸

- 上个星期, 感冒

>

❹

- 这个星期, 出差

>

2. 아래의 문장을 읽고 문장이 올바르면 ✓, 틀리면 ✗를 표시하세요.

❶ 我回去好好再想想。　　　　　　　　（　　　）

❷ 我不再也乱吃了！　　　　　　　　　（　　　）

❸ 我再也不抽烟了！　　　　　　　　　（　　　）

Play point 04

爷爷五点<u>就</u>起床了，爸爸十点<u>才</u>起床。

05-04

1 爷爷五点<u>就</u>起床了，爸爸十点<u>才</u>起床。

Yéye wǔ diǎn jiù qǐchuáng le, bàba shí diǎn cái qǐchuáng.

2 儿子八点<u>就</u>睡觉了，女儿十点<u>才</u>睡觉。

Érzi bā diǎn jiù shuìjiào le, nǚ'ér shí diǎn cái shuìjiào.

3 <u>就</u>这件事，是我办的。

Jiù zhè jiàn shì, shì wǒ bàn de.

4 <u>就</u>这几天，天气不好。

Jiù zhè jǐ tiān, tiānqì bù hǎo.

5 那么简单，他们<u>才</u>不玩呢。

Nàme jiǎndān, tāmen cái bù wán ne.

6 那么难吃，她们<u>才</u>不吃呢。

Nàme nán chī, tāmen cái bù chī ne.

1 할아버지는 5시에 벌써 일어나셨고, 아버지는 10시가 돼서야 일어나셨다.

2 아들은 8시에 벌써 잠들었고, 딸은 10시가 돼서야 잠들었다.

3 (즉) 이 일은 제가 처리한 것입니다.

4 (딱) 요 며칠 날씨가 좋지 않습니다.

5 그렇게 쉬우면 그들은 (게임을) 안 할 걸.

6 그렇게 맛없으면 그녀들은 안 먹을 걸.

1. 아래 문제 ❶과 같이 주어진 어구를 활용하여 문장을 완성하세요.

❶

- 爷爷 / 五点, 爸爸 / 十点：起床

> 爷爷五点就起床了, 爸爸十点才起床。

❷

- 我 / 八点, 同事 / 十点：上班

>

❸

- 儿子 / 八点, 女儿 / 十点：睡觉

>

❹

- 妈妈 / 五点, 爸爸 / 十点：下班

>

2. 다음 문장에서 제시어가 들어갈 정확한 위치를 찾아 체크해 보세요.

❶ 就 A 这件事 B, C 我 D 办的。 （是）

❷ 就 A 几天 B, C 天气 D 不好。 （这）

❸ 那么 A 难吃 B, 她们 C 才 D 吃呢。 （不）

💬 Dialogue

회화의 한어병음과 한자를 정확하게 읽어 보세요.

🅐 Wǒ lái Shànghǎi yǒu dàbàn nián le, bǎ zìjǐ chī pàng le.
Zěnmebàn a!

🅑 Kànlái nǐ yǐjīng xíguàn chī Zhōngguó cài le.

🅐 Zhōngguó cài shízài shì tài hǎochī le.

🅑 Nà nǐ jiù xiān chī, ránhòu zài yùndòng jiǎnféi.

🅐 Zhè liǎng tiān gōngzuò hǎo máng a. Nǎ yǒu shíjiān yùndòng?

🅑 Jiù zhè liǎng tiān máng. Děng yuèdǐ guò le, háishi kěyǐ qù
yùndòng de.

🅐 Jiǎnféi kě bù jiǎndān a. Zuò shénme yùndòng cái néng jiǎnféi
ne?

🅑 Nǐmen gōngyù lóuxià búshì yǒu jiànshēnfáng ma?
Duō fāngbiàn a!

05-05

Ⓐ 我来上海有ᴳ大半年了，把自己吃胖了。怎么办啊!

Ⓑ 看来你已经习惯吃中国菜了。

Ⓐ 中国菜实在是太好吃了。

Ⓑ 那你就先吃，然后再运动减肥。

Ⓐ 这两天工作好忙啊。哪有时间运动?

Ⓑ 就这两天忙。等月底过了，还是可以去运动的。

Ⓐ 减肥可不简单啊。做什么运动才能减肥呢?

Ⓑ 你们公寓楼下不是有健身房吗? 多方便啊!

Ⓐ 내가 상하이에 온 지 반년이 넘어가는데, (잘 먹어) 살이 쪘어.
어쩜 좋아!

Ⓑ 보아하니 너 이미 중국 음식에 익숙해진 모양이네.

Ⓐ 중국 음식은 정말이지 너무 맛있어.

Ⓑ 그럼 (너는) 먼저 먹고, 그러고 나서 운동해서 살을 빼.

Ⓐ 요 며칠 일이 너무 바빠. 운동할 시간이 어디 있겠어?

Ⓑ (딱) 요 며칠만 바쁜 거지. 월말이 되면, 그래도 운동하러 갈 수
있을 거야.

Ⓐ 다이어트가 정말 만만치가 않아. 어떤 운동을 해야 살을 뺄 수
있을까?

Ⓑ 너희 아파트 아래층에 헬스장 있지 않아? 얼마나 편해!

흥부와 놀부 〈흥보가〉와 〈흥부전〉

〈흥보가〉는 현재까지 전해지는 판소리 다섯 마당 가운데 하나로, 가난하고 착한 아우 흥부와 욕심 많은 놀부 형제의 이야기를 소재로 한 판소리이다. 〈흥부전〉은 한국의 고전소설이자 판소리계 소설로, 심술궂고 욕심 많은 형 놀부의 박해와 수모를 받던 순박하고 착한 동생 흥부가 다리가 부러진 제비를 도와준 일로 생각지도 못한 복을 누리게 되는 권선징악(勸善懲惡)의 교훈을 담은 작품이다. 여기서는 전래동화 버전의 흥부와 놀부를 중국어로 감상해 보자.

Xīngfū yǔ Nuòfū (1)

Cóngqián yǒu yí duì xiōngdì, gēge jiào Nuòfū, dìdi jiào Xīngfū. Gēge hěn yǒuqián, rén hěn huài. Dìdi fēicháng qióng, rén hěn shànliáng.

Chūntiān dào le, yí duì yànzi zài dìdi jiā de fángyán xià zhù le xiàlái. Yìtiān, yì zhī xiǎo yànzi cóng wō li diào le xiàlái. Zhè shí Xīngfū kàndào le, tā bǎ xiǎo yànzi sònghuí wō li, yànzi yì jiā fēicháng gǎnxiè Xīngfū.

Dì èr nián chūntiān, yànzi yì jiā yòu huídào le Xīngfū jiā. Yànzi māma gěi Xīngfū dài huílái yí lì húlu zhǒngzi, Xīngfū bǎ tā zhòngzài yuànzi li.

Qiūtiān dào le, jiē le jiǔ ge dà húlu, měi ge húlu lǐmian dōu zhuāngmǎn le hǎo dōngxi. Xīngfū yíxiàzi biànchéng le yǒuqián rén.

옛날에 한 형제가 있었는데, 형은 놀부라 하고 동생은 흥부라 했다. 형은 돈은 많으나 사람이 몹시 나빴고, 동생은 몹시 가난했지만 사람은 매우 선량했다.

봄이 되자, 한 쌍의 제비가 동생(흥부)이 집 처마 밑에 둥우리를 틀었다. 어느 날, 어린 제비 한 마리가 둥우리에서 떨어졌다. 이때 흥부가 발견하고, 어린 제비를 둥우리로 돌려 놓아주었고, 제비 가족은 흥부에게 대단히 고마워하였다.

다음 해 봄, 제비 가족은 다시 흥부네 집으로 돌아왔다. 어미 새가 흥부에게 조롱박 씨앗 한 톨을 물어다 주었고, 흥부는 그것을 마당에 심었다.

가을이 되자, 아홉 개의 조롱박이 맺혔는데, 조롱박마다 안에는 좋은 물건들로 꽉 차 있었다. 흥부는 단숨에 부자가 되었다.

兴夫与诺夫 (1)

从前有一对兄弟，哥哥叫诺夫，弟弟叫兴夫。哥哥很有钱，人很坏。弟弟非常穷，人很善良。

春天到了，一对燕子在弟弟家的房檐下住了下来。一天，一只小燕子从窝里掉了下来。这时兴夫看到了，他把小燕子送回窝里，燕子一家非常感谢兴夫。

第二年春天，燕子一家又回到了兴夫家。燕子妈妈给兴夫带回来一粒葫芦种子，兴夫把它种在院子里。

秋天到了，结了九个大葫芦，每个葫芦里面都装满了好东西。兴夫一下子变成了有钱人。

대화하기 兴夫怎么变成了有钱人?

兴夫 Xīngfū 흥부 | 与 yǔ ~과(와) | 诺夫 Nuòfū 놀부 | 从前 cóngqián 이전 | 对 duì 쌍, 짝 | 兄弟 xiōngdì 형제 | 穷 qióng 빈곤하다 | 善良 shànliáng 선량하다 | 燕子 yànzi 제비 | 房檐 fángyán 처마 | 窝 wō 둥지, 은신처 | 粒 lì 톨 | 葫芦 húlu 조롱박 | 种子 zhǒngzi 씨 | 种 zhòng 심다 | 院子 yuànzi 뜰, 정원 | 结 jiē 열매를 맺다 | 装 zhuāng (물건을) 담다, 채우다 | 满 mǎn 가득하다 | 一下子 yíxiàzi 한번에, 한꺼번에 | 变成 biànchéng ~로 변하다

手机找着了。

학습 내용

 01 手机找着了。

 02 他工作忙得很。

 03 这道川菜，我吃过一次。

04 这趟飞机飞往北京。

手机找着了。

06-01

1 手机找着了。
Shǒujī zhǎozháo le.

2 宝宝睡着了。
Bǎobao shuìzháo le.

3 宝宝学会走路了。
Bǎobao xuéhuì zǒulù le.

4 宝宝学会说话了。
Bǎobao xuéhuì shuōhuà le.

5 把韩币换成美元。
Bǎ Hánbì huànchéng Měiyuán.

6 把西瓜切成两半。
Bǎ xīguā qiēchéng liǎng bàn.

1 휴대폰을 찾았어요.

2 아기가 잠들었어요.

3 아기가 걸음마를 배웠어요.

4 아기가 말하기를 배웠어요.

5 한화를 달러로 바꿔 주세요.

6 수박을 반으로 잘라 주세요.

Skill Up

1. 아래 문제 ❶과 같이 주어진 어구를 활용하여 문장을 완성하세요.

– 宝宝, 睡着

> 宝宝睡着了。

– 饭, 吃完

>

– 手机, 找着

>

– 作业, 做完

>

2. 다음 문장에서 제시어가 들어갈 정확한 위치를 찾아 체크해 보세요.

❶ 我 A 学 B 了 C 开 D 车。 （会）

❷ A 把 B 韩币 C 成 D 美元。 （换）

❸ A 西瓜 B 切 C 成 D 两半。 （把）

他工作忙得很。

1 他工作忙得很。
Tā gōngzuò máng de hěn.

2 他身体好得很。
Tā shēntǐ hǎo de hěn.

3 他俩好得不得了。
Tā liǎ hǎo de bùdéliǎo.

4 妈妈急得不得了。
Māma jí de bùdéliǎo.

5 买到新手机，他高兴极了。
Mǎidào xīn shǒujī, tā gāoxìng jí le.

6 听到坏消息，他伤心极了。
Tīngdào huài xiāoxi, tā shāngxīn jí le.

1 그는 일이 아주 바빠요.

2 그는 몸이 아주 건강해요.

3 그 둘은 사이가 무척 좋습니다.

4 엄마가 무척 조급해하십니다.

5 휴대폰을 새로 사게 되어 그는 무척 기쁘다.

6 나쁜 소식을 듣게 되어 그는 너무 슬프다.

1. 아래 문제 ❶과 같이 주어진 단어를 활용하여 문장을 완성하세요.

❶

– 工作, 忙

> 他工作忙得很。

❷

– 身体, 好

>

❸

– 朋友, 多

>

❹

– 学习, 好

>

2. 아래 괄호 안에 들어갈 알맞은 어구를 골라 써 넣으세요.

❶ 买到新手机，他（　　　　）极了。

　A 可怜　　　　　　B 可惜　　　　　　C 高兴　　　　　　D 凉快

❷ 妈妈急得（　　　）。

　A 得了　　　　　　B 不得了　　　　　C 了　　　　　　　D 极了

❸ 听到坏消息，他伤心（　　　）。

　A 不得了　　　　　B 很　　　　　　　C 得了　　　　　　D 极了

这道川菜，我吃过一次。

06-03

1 这道川菜，我吃过一次。
Zhè dào Chuāncài, wǒ chīguo yí cì.

2 这部小说，我看了两遍。
Zhè bù xiǎoshuō, wǒ kàn le liǎng biàn.

3 这个地方，我来过两趟。
Zhège dìfang, wǒ láiguo liǎng tàng.

4 他踢了我一脚。
Tā tī le wǒ yì jiǎo.

5 狼咬了鸡一口。
Láng yǎo le jī yì kǒu.

6 我看了他一眼。
Wǒ kàn le tā yì yǎn.

1 이 쓰촨요리는 제가 한 번 먹어 봤어요.

2 이 소설은 제가 두 차례 봤어요.

3 이곳은 제가 두 번 와 봤어요.

4 그가 나를 (한 차례) 발로 찼다.

5 늑대가 닭을 (한 번) 입으로 물었다.

6 내가 그를 (한 번) 눈으로 쳐다보았다.

1. 아래 문제 ❶과 같이 주어진 어구를 활용하여 문장을 완성하세요.

❶

– 这道川菜, 吃, 一次

› 这道川菜，我吃过一次。

❷

– 这个地方, 来, 两趟

›

❸

– 这部小说, 看, 三遍

›

❹

– 这个电影, 看, 几遍

›

2. 아래 주어진 어구를 보고 연관되는 것끼리 연결하여 문장을 완성하세요.

❶ 他踢了我 •

• A 一口

❷ 狼咬了鸡 •

• B 一眼

❸ 我看了他 •

• C 一脚

这趟飞机飞往北京。

1
这趟飞机飞往北京。
Zhè tàng fēijī fēiwǎng Běijīng.

2
这趟列车开往西安。
Zhè tàng lièchē kāiwǎng Xī'ān.

3
结婚日期定在十月一号。
Jiéhūn rìqī dìngzài shí yuè yī hào.

4
这个事件发生在1987年。
Zhège shìjiàn fāshēng zài yī jiǔ bā qī nián.

5
我小时候住在农村。
Wǒ xiǎoshíhou zhùzài nóngcūn.

6
我刚才坐在你对面。
Wǒ gāngcái zuòzài nǐ duìmiàn.

1 이 비행기는 베이징으로 간다.

2 이 기차는 시안으로 간다.

3 결혼 날짜는 10월 1일로 정했습니다.

4 이 사건은 1987년에 발생했습니다.

5 나는 어렸을 때 시골에서 살았어.

6 나 방금 네 맞은편에 앉았었어.

1. 아래 문제 ❶과 같이 주어진 어구를 활용하여 문장을 완성하세요.

❶

– 这趟飞机, 飞, 北京

〉这趟飞机飞往北京。

❷

– 这趟列车, 开, 西安

〉

❸

– 这趟船, 去, 上海

〉

❹

– 这条路, 通, 海边

〉

2. 아래 괄호 안에 들어갈 알맞은 어구를 골라 써 넣으세요.

❶ 结婚日期 （　　　　） 十月一号。

　A 定在　　　　　B 发生　　　　　C 定　　　　　D 发生在

❷ 这个事件 （　　　　） 1987年。

　A 发生　　　　　B 发在　　　　　C 发生在　　　　　D 出生在

❸ 我刚才 （　　　　） 你对面。

　A 坐在　　　　　B 看在　　　　　C 坐往　　　　　D 住在

회화의 한어병음과 한자를 정확하게 읽어 보세요.

Ⓐ　Zhège kāfēitīng zhuāngxiū de tài háohuá le.

Ⓑ　Zhè kě shì Shànghǎi yǒumíng de kāfēitīng a, wǒ yǐjīng láiguo

　　liǎng cì le.

Ⓐ　Wǒ jiù zhùzài zhè fùjìn, zěnme yí cì yě méi láiguo.

Ⓑ　Nà nǐ yǐhòu kěyǐ cháng lái.

Ⓐ　Zhèli shénme kāfēi zuì hǎohē?

Ⓑ　Zhèli de nátiě hǎohē jí le.

Ⓐ　Nǐ kàn, nàge guìzi li bǎimǎn le gèzhǒng hǎokàn de kāfēi bēi.

Ⓑ　Nǐ rúguǒ xǐhuan, jiù kěyǐ mǎi yí ge dàizǒu a.

Ⓐ 这个咖啡厅装修得太豪华了。

Ⓑ 这可^G是上海有名的咖啡厅啊，我已经来过两次了。

Ⓐ 我就住在这附近，怎么一次也没来过。

Ⓑ 那你以后可以常来。

Ⓐ 这里什么咖啡最好喝？

Ⓑ 这里的拿铁好喝极了。

Ⓐ 你看，那个柜子里摆满了各种好看的咖啡杯。

Ⓑ 你如果喜欢，就可以买一个带走啊。

Ａ 이 카페는 굉장히 화려하게 장식을 했네.

Ｂ 여기가 바로 상하이에서 유명하다는 카페잖아, 나는 이미 두 번 와 봤지.

Ａ 나는 바로 이 근처에 사는데도 어째 한 번도 안 와 봤네.

Ｂ 그럼 넌 나중에 자주 와 보면 되겠다.

Ａ 여기 무슨 커피가 제일 맛있어?

Ｂ 여기 카페라테가 정말 맛있더라.

Ａ 봐봐, 저 장식장 안에 온갖 예쁜 커피 잔들이 가득 차 있어.

Ｂ (네) 맘에 드는 거 있으면, 하나 사서 가져가.

Xīngfū yǔ Nuòfū (2)

Nuòfū wèn Xīngfū húlu shì zěnme lái de. Xīngfū yuányuánběnběn de gàosu le tā. Nuòfū huídào jiā hòu, děngzhe fángyán xià de xiǎo yànzi diào xiàlái. Kěshì shénme shìqing dōu méiyǒu fāshēng. Nuòfū děng bu liǎo le, jiù bǎ yànzi wō li de yì zhī xiǎo yànzi nòngdào dìshang, ránhòu zài fàng le huíqù.

Dì èr nián chūntiān, yànzimen huílái shí yě diāolái le yí lì húlu zhǒngzi. Jǐ ge yuè hòu, Nuòfū jiā li yě jiē le jiǔ ge dà húlu. Dànshì měi ge húlu lǐmian dōu zhuāngmǎn le ràng rén yànwù de dōngxi, tā jiǎnzhí kuàiyào qìfēng le.

놀부는 흥부에게 조롱박이 어떻게 생긴 것인지 물었고 흥부는 그에게 사실대로 알려 주었다. 놀부는 집에 돌아간 후, 처마 밑의 제비가 떨어지기를 기다렸지만 아무 일도 일어나지 않았다. 놀부는 기다리지 못하고, 제비 둥우리 속의 어린 제비 한 마리를 바닥에 떨어뜨렸다가 다시 둥우리에 올려놓았다.

다음 해 봄, 제비들이 돌아올 때 조롱박 씨앗도 한 톨 물어 왔다. 몇 달 뒤에 놀부 집에도 큰 조롱박 아홉 개가 열렸다. 그러나 조롱박마다 안에 혐오스러운 것들로 가득 차 있어서, 그는 그야말로 화가 나서 미칠 지경이었다.

兴夫与诺夫 (2)

　　诺夫问兴夫葫芦是怎么来的。兴夫原原本本地告诉了他。诺夫回到家后，等着房檐下的小燕子掉下来。可是什么事情都没有发生。诺夫等不了了，就把燕子窝里的一只小燕子弄到地上，然后再放了回去。

　　第二年春天，燕子们回来时也叼来了一粒葫芦种子。几个月后，诺夫家里也结了九个大葫芦。但是每个葫芦里面都装满了让人厌恶的东西，他简直快要气疯了。

💬 **대화하기**　诺夫为什么要气疯了?

┃ 단어 ┃

原原本本 yuányuánběnběn 처음부터 끝까지, 있는 그대로 | 然后 ránhòu 그리고 나서 | 第二 dì èr 둘째, 두 번째 |
叼 diāo 입에 물다 | 厌恶 yànwù 혐오하다 | 简直 jiǎnzhí 그야말로 | 气 qì 화나다 | 疯 fēng 미치다

大家全到齐了。

Play point 01 大家全到齐了。

Play point 02 这个帐户，只剩下一百块钱。

Play point 03 他不愿意，我也不愿意。

Play point 04 别急，还有时间。

1 大家全到齐了。
Dàjiā quán dàoqí le.

2 客人全坐满了。
Kèrén quán zuòmǎn le.

3 同学们都感冒了。
Tóngxuémen dōu gǎnmào le.

4 学生们都参加了。
Xuéshēngmen dōu cānjiā le.

5 一条短信都没有。
Yì tiáo duǎnxìn dōu méiyǒu.

6 一声谢谢都没有。
Yì shēng xièxie dōu méiyǒu.

1 모두 다 왔어요.

2 손님들이 꽉 찼습니다.

3 학우들이 모두 감기에 걸렸어요.

4 학생들이 모두 참가했습니다.

5 문자 한 통도 없다.

6 고맙다는 말 한마디도 없다.

Skill Up

1. 아래 문제 ❶과 같이 주어진 어구를 활용하여 문장을 완성하세요.

❶

– 大家, 到齐

> 大家全到齐了。

❷

– 客人, 坐满

>

❸

– 同学们, 走光

>

❹

– 裤子, 弄脏

>

2. 아래 괄호 안에 들어갈 알맞은 단어를 골라 써 넣으세요.

❶ 一条短信（　　　　）没有。

A 只　　　　　　B 都　　　　　　C 不　　　　　　D 好

❷ （　　　　）声谢谢都没有。

A 一　　　　　　B 二　　　　　　C 只　　　　　　D 好

❸ 一个电话都（　　　　）。

A 有　　　　　　B 是　　　　　　C 没有　　　　　D 好

这个帐户，只剩下一百块钱。

07-02

1
这个帐户，只剩下一百块钱。
Zhège zhànghù, zhǐ shèngxià yìbǎi kuài qián.

2
这次考试，只希望不要挂科。
Zhè cì kǎoshì, zhǐ xīwàng bú yào guà kē.

3
这件事情，只告诉你一个人。
Zhè jiàn shìqing, zhǐ gàosu nǐ yí ge rén.

4
光馒头，就吃了十个。
Guāng mántou, jiù chī le shí ge.

5
光咖啡，就喝了五杯。
Guāng kāfēi, jiù hē le wǔ bēi.

6
光大衣，就花了八百。
Guāng dàyī, jiù huā le bābǎi.

1 이 계좌에는 100위안이 남아 있을 뿐이다.

2 이번 시험은 낙제하지 않기만을 바랄 뿐이다.

3 이 일은 너 한 사람에게만 알려주는 거다.

4 찐빵만 10개를 먹었어요.

5 커피만 5잔 마셨어요.

6 외투에만 800위안을 썼어요.

1. 아래 문제 ❶과 같이 주어진 어구를 활용하여 문장을 완성하세요.

❶

- 馒头, 吃, 十个

〉 光馒头，就吃了十个。

❷

- 咖啡, 喝, 五杯

〉

❸

800元

大衣, 花, 八百

〉

❹

- 帽子, 买, 六个

〉

2. 아래 괄호 안에 들어갈 알맞은 단어를 골라 써 넣으세요.

❶ 这次考试，（　　　）希望不要挂科。

A 只　　　　　B 光　　　　　C 不　　　　　D 好

❷ 这个帐户，（　　　）剩下一百块钱。

A 都　　　　　B 只　　　　　C 好　　　　　D 光

❸ 离圣诞节（　　　）有一周了。

A 都　　　　　B 只　　　　　C 全　　　　　D 光

他不愿意，我也不愿意。

07-03

1 他不愿意，我也不愿意。
Tā bú yuànyì, wǒ yě bú yuànyì.

2 他不同意，我也不同意。
Tā bù tóngyì, wǒ yě bù tóngyì.

3 他会说上海话，也会说广东话。
Tā huì shuō Shànghǎi huà, yě huì shuō Guǎngdōng huà.

4 我会打高尔夫，也会打乒乓球。
Wǒ huì dǎ gāo'ěrfū, yě huì dǎ pīngpāngqiú.

5 炒菜也弄好了，馒头也蒸好了。
Chǎo cài yě nònghǎo le, mántou yě zhēnghǎo le.

6 手续也办好了，钥匙也拿到了。
Shǒuxù yě bànhǎo le, yàoshi yě nádào le.

1 그가 원하지 않으면 나도 싫어.

2 그가 동의하지 않으면 나도 동의하지 않아.

3 그는 상하이 말도 할 줄 알고 광둥 말도 할 줄 안다.

4 나는 골프도 칠 줄 알고, 탁구도 칠 줄 안다.

5 볶음 요리도 다 됐고, 찐빵도 다 쪄졌어요.

6 수속도 다 마쳤고 열쇠도 받았어요.

Skill Up

1. 아래 문제 ❶과 같이 주어진 어구를 활용하여 문장을 완성하세요.

❶

- 说, 上海话, 广东话

> 他会说上海话, 也会说广东话。

❷

- 打, 高尔夫, 乒乓球

>

❸

- 做, 中国菜, 日本菜

>

❹

- 唱, 民歌, 流行歌

>

2. 다음 문장에서 '也'가 들어갈 정확한 위치를 찾아 체크해 보세요.

❶ 他 A 不 B 同意, C 我 D 不同意。

❷ 手续也办好了 A, B 钥匙 C 拿到了 D。

❸ A 炒菜 B 弄好了, C 馒头也蒸 D 好了。

1 别急，还有时间。
Bié jí, hái yǒu shíjiān.

2 别哭，还有机会。
Bié kū, hái yǒu jīhuì.

3 你还习惯这里的伙食吗？
Nǐ hái xíguàn zhèli de huǒshí ma?

4 他还习惯这里的生活吗？
Tā hái xíguàn zhèli de shēnghuó ma?

5 照顾不周，还请多多原谅。
Zhàogù bù zhōu, hái qǐng duōduō yuánliàng.

6 考虑不周，还请多多包涵。
Kǎolǜ bù zhōu, hái qǐng duōduō bāohán.

1 서두르지 마, 아직 시간이 있어.

2 울지 마, 아직 기회가 있어.

3 너 이곳 음식에 좀 익숙해졌니?

4 그는 이곳 생활에 좀 익숙해졌어?

5 부족한 부분이 있더라도 좀 양해해 주십시오.

6 배려가 부족하더라도 좀 너그러이 봐주세요.

1. 아래 문제 ❶과 같이 주어진 어구를 활용하여 문장을 완성하세요.

❶

- 急, 时间

> 别急，还有时间。

❷

- 哭, 机会

>

❸

- 怕, 爸妈

>

❹

- 走, 希望

>

2. 아래 주어진 의미에 맞게 문장을 완성하세요.

❶ 你_____这里的伙食吗?

너 이곳 음식에 좀 익숙해졌니?

❷ 他_____这里的生活吗?

그는 이곳 생활에 좀 익숙해졌어?

❸ 照顾不周，_____。

부족한 부분이 있더라도 좀 양해해 주십시오.

회화의 한어병음과 한자를 정확하게 읽어 보세요.

🅐 Hǎo jiǔ bú jiàn, nǐmen bùmén zuìjìn gōngzuò máng ba?

🅑 Nǐ hái bù zhīdào a! Wǒ yào cízhí le.

🅐 Nǐ yào cízhí? Nǐ yào tiàodào nǎ jiā gōngsī?

🅑 Wǒ cízhí xìn dōu dì shàngqù le. Cízhí yǐhòu, dǎsuàn zìjǐ gàn.

🅐 Dòngzuò zhème kuài! Guǒrán shì jiǔlíng hòu, shuō bú gàn jiù bú gàn.

🅑 Xiànzài dàjiā dōu xiǎng zìjǐ dāng lǎobǎn. Qíshí wǒ yě zhǔnbèi hǎo cháng shíjiān le.

🅐 Nà jiù zhù nǐ fā dà cái、zhuàn dà qián.

🅑 Jiè nǐ jí yán. Yǐhòu hái qǐng nǐ duōduō guānzhào.

07-05

Ⓐ 好久不见，你们部门最近工作忙吧?

Ⓑ 你还不知道啊! 我要辞职了。

Ⓐ 你要辞职? 你要跳到哪家公司?

Ⓑ 我辞职信都递上去了。辞职以后，打算自己干。

Ⓐ 动作这么快! 果然是90后，说不干就ᴳ不干。

Ⓑ 现在大家都想自己当老板。其实我也准备好长时间了。

Ⓐ 那就祝你发大财、赚大钱。

Ⓑ 借你吉言ᴳ。以后还请你多多关照。

Ⓐ 오랜만이야, 너희 부서 요즘 일이 바쁘지?

Ⓑ (너) 아직 모르는구나! 나 회사 그만둘 거야.

Ⓐ (네가) 회사를 그만둔다고? (너) 어디로 이직하려고?

Ⓑ (난) 사표도 이미 냈어. 회사 그만두고 내 일(내 사업)을 해 보려고.

Ⓐ 동작도 빠르네! 역시 90년대 생이야, 안 한다고 하면 바로 안 하거든.

Ⓑ 요즘 다들 자기가 사장이 되고 싶어 하지. 사실 나도 오랫동안 준비했거든.

Ⓐ 그럼 (네가) 대박 나고 돈 많이 벌길 빌게.

Ⓑ 응원 고마워, 앞으로도 잘 부탁해.

효녀 심청

심청전(沈清传)은 한국의 고전소설이자 판소리계 소설로, 맹인인 아버지 심 봉사의 눈을 뜨게 하기 위해 공양미 300석에 몸을 팔아 인당수에 몸을 던지는 효녀 심청의 이야기이다. 작자는 미상인데, 그 연원은 신라시대 거타지 설화(居陀知说话)와 경상북도 경주의 연권녀 설화(또는 효녀 지은 설화)에 근간을 둔다. 영화, 드라마, 소설, 전래동화 등 다양한 장르로 각색되어 널리 전해져 온 매우 유명한 이야기이다. 여기서는 전래동화 버전의 효녀 심청을 중국어로 감상해 보자.

Xiàonǚ Shěnqīng (1)

Cóngqián, yǒu yí ge xiǎo nǚ hái jiào Shěnqīng. Tā gāng chūshēng, māma jiù qùshì le. Zhǐ shèngxià tā hé bàba yìqǐ shēnghuó. Bàba de yǎnjing kàn bu jiàn, tāmen shēnghuó hěn jiānkǔ.

Yǒu yìtiān, bàba chūmén yùjiàn le yí ge héshang. Tā shuō, rúguǒ bàba néng juān sānbǎi bāo mǐ, yǎnjing jiù huì hǎo. Shěnqīng zhīdào le yǐhòu, jiù kāishǐ xiǎng bànfǎ.

Cūn li de shuǐshǒumen dǎsuàn guò hǎi qù jiàn guówáng, yào zhǎo yí ge xiǎo nǚ hái jì hǎishén. Shěnqīng tīngshuō yǒu sānbǎi bāo mǐ de huíbào, jiù dāying le. Shuǐshǒumen chūfā bù jiǔ, Shěnqīng jiù tiàojìn le hǎi li.

....

옛날에 심청이라는 한 소녀가 있었다. 그녀가 태어나자마자 어머니는 세상을 떠났고, 심청과 아버지만 남겨져 함께 살았는데 아버지의 눈이 보이지 않아 그들은 매우 힘들게 살았다.

어느 날 아버지가 밖에 나갔다가 한 스님을 만나게 되었다. 스님이 만약 아버지가 공양미 300석을 시주할 수 있다면 눈이 좋아질 것이라고 말했다. 심청은 이 일을 알고, 방법을 강구하기 시작했다.

마을의 선원들이 바다를 건너 왕을 만나러 가려 하는데, 바다의 신에게 제사를 지낼 소녀를 찾고 있었다. 심청은 보답으로 공양미 300석을 받을 수 있다는 말을 듣고 바로 승낙하였다. 선원들이 출발한 지 얼마 되지 않아, 심청은 바다에 뛰어들었다.

....

孝女沈清 (1)

　　从前，有一个小女孩叫沈清。她刚出生，妈妈就去世了。只剩下她和爸爸一起生活。爸爸的眼睛看不见，他们生活很艰苦。

　　有一天，爸爸出门遇见了一个和尚。他说，如果爸爸能捐三百包米，眼睛就会好。沈清知道了以后，就开始想办法。

　　村里的水手们打算过海去见国王，要找一个小女孩祭海神。沈清听说有三百包米的回报，就答应了。水手们出发不久，沈清就跳进了海里。

대화하기 沈清为什么跳进海里去了？

단어

孝女 xiàonǚ 효녀 | 沈清 Shěnqīng 심청 | 去世 qùshì 세상을 떠나다, 죽다 | 艰苦 jiānkǔ 고되다, 힘들다 | 遇见 yùjiàn 우연히 만나다 | 和尚 héshang 스님, 중 | 捐 juān 기부하다, 헌납하다 | 包 bāo 꾸러미, 포대 | 村 cūn 마을, 동네 | 水手 shuǐshǒu 뱃사람, 선원 | 国王 guówáng 국왕 | 祭 jì 제사 지내다 | 海神 hǎishén 해신, 바다의 신 | 回报 huíbào 보답하다 | 答应 dāying 동의하다, 승낙하다

Chapter
08

他下楼来了。

학습 내용

 Play point 01 他下楼来了。

 Play point 02 最近爱上了上网。

 Play point 03 你的进步，大家看得见。

 Play point 04 他天黑之前可能回得来。

1
他下楼来了。
Tā xià lóu lái le.

2
他回家去了。
Tā huí jiā qù le.

3
我拿吃的来。
Wǒ ná chī de lái.

4
我带喝的去。
Wǒ dài hē de qù.

5
老师走进教室来了。
Lǎoshī zǒujìn jiàoshì lái le.

6
他们跑上楼顶去了。
Tāmen pǎoshàng lóudǐng qù le.

1 그는 아래층으로 내려왔습니다.

2 그는 집으로 돌아갔습니다.

3 내가 먹을 것을 가져올게.

4 내가 마실 것을 가져갈게.

5 선생님이 교실로 걸어 들어왔다.

6 그들이 옥상으로 뛰어 올라갔다.

1. 아래 문제 ❶과 같이 주어진 어구를 활용하여 문장을 완성하세요.

- 带去, 喝的

> 我带喝的去。

- 带去, 照相机

>

- 拿来, 吃的

>

- 拿来, 报纸

>

2. 다음 문장에서 제시어가 들어갈 정확한 위치를 찾아 체크해 보세요.

❶ A 他 B 跑上 C 去 D 了。 （楼顶）

❷ 他 A 下 B 来 C 了 D。 （楼）

❸ 老师 A 走 B 进 C 来 D 了。 （教室）

最近爱上了上网。

1 **最近爱上了上网。**
Zuìjìn àishàng le shàngwǎng.

2 **最近交上了网友。**
Zuìjìn jiāoshàng le wǎngyǒu.

3 **她说着说着就哭起来了。**
Tā shuō zhe shuō zhe jiù kū qǐlái le.

4 **她听着听着就唱起来了。**
Tā tīng zhe tīng zhe jiù chàng qǐlái le.

5 **太累了，不能再弄下去了。**
Tài lèi le, bù néng zài nòng xiàqù le.

6 **太晚了，不能再聊下去了。**
Tài wǎn le, bù néng zài liáo xiàqù le.

1 최근에 인터넷 하는 것을 좋아하게 되었나.

2 최근에 인터넷 친구를 사귀게 되었다.

3 그녀는 말하다가 울기 시작했습니다.

4 그녀는 (노래를) 듣다가 부르기 시작했습니다.

5 너무 피곤해요, (일) 더 못하겠어요.

6 너무 늦었네요, 얘기 더 못하겠어요.

1. 아래 문제 ❶과 같이 주어진 어구를 활용하여 문장을 완성하세요.

❶

– 爱上, 上网

❭ 最近爱上了上网。

❷

– 爱上, 瑜伽

❭

❸

– 交上, 网友

❭

❹

– 交上, 新朋友

❭

2. 아래 문장에 들어갈 알맞은 방향보어를 골라 써 넣으세요.

❶ 她看着看着就笑（　　　）了。

A 上来　　　　　B 起来　　　　　C 下去　　　　　D 下来

❷ 时间太晚了，我们不能再聊（　　　）了。

A 上来　　　　　B 起来　　　　　C 下去　　　　　D 下来

❸ 最近爱（　　　）了打球。

A 上　　　　　　B 上来　　　　　C 下　　　　　　D 下来

你的进步，大家看得见。

08-03

1 你的进步，大家看得见。
   Nǐ de jìnbù, dàjiā kàn de jiàn.

2 你的声音，我们听不见。
   Nǐ de shēngyīn, wǒmen tīng bu jiàn.

3 这些饭菜，两个人肯定吃得完。
   Zhèxiē fàncài, liǎng ge rén kěndìng chī de wán.

4 这些东西，一个人肯定收拾不完。
   Zhèxiē dōngxi, yí ge rén kěndìng shōushi bu wán.

5 这些东西，你们都用得着。
   Zhèxiē dōngxi, nǐmen dōu yòng de zháo.

6 这个谜语，我们都猜不着。
   Zhège míyǔ, wǒmen dōu cāi bu zháo.

1 너의 발전을 모두가 볼 수 있어(너의 발전이 모두에게 보여).

2 너의 목소리를 우리가 들을 수 없어(우리에게 들리지 않아).

3 이 요리들은 두 사람이 충분히 다 먹을 수 있습니다.

4 이 물건들은 혼자서는 절대 다 정리할 수 없습니다.

5 이 물건들은 너희가 다 쓸 수 있어(쓸 데가 있어).

6 이 수수께끼는 우리가 다 알아맞힐 수 없어.

1. 아래 문제 ❶과 같이 주어진 어구를 활용하여 문장을 완성하세요.

❶

– 这个谜语，猜不着

＞ 这个谜语，我都猜不着。

❷

– 这些东西，用得着

＞

❸

– 她的钱包，找不着

＞

❹

– 这些资料，用不着

＞

2. 아래 가능보어를 긍정형식은 부정형식으로, 부정형식은 긍정형식으로 바꿔 보세요.

❶ 看得见 ＞ ＿＿＿＿＿＿＿＿＿＿

❷ 收拾不完 ＞ ＿＿＿＿＿＿＿＿＿＿

❸ 听不见 ＞ ＿＿＿＿＿＿＿＿＿＿

❹ 打扫得完 ＞ ＿＿＿＿＿＿＿＿＿＿

❺ 吃得完 ＞ ＿＿＿＿＿＿＿＿＿＿

❻ 修改不完 ＞ ＿＿＿＿＿＿＿＿＿＿

他天黑之前可能回得来。

08-04

1 他天黑之前可能回得来。
Tā tiān hēi zhīqián kěnéng huí de lái.

2 他天亮之前可能过不来。
Tā tiān liàng zhīqián kěnéng guò bu lái.

3 东西不重，我抬得起来。
Dōngxi bú zhòng, wǒ tái de qǐlái.

4 肚子太疼，我站不起来。
Dùzi tài téng, wǒ zhàn bu qǐlái.

5 你这么瘦，一定能穿得进去。
Nǐ zhème shòu, yídìng néng chuān de jìnqù.

6 山那么高，肯定爬不上去。
Shān nàme gāo, kěndìng pá bu shàngqù.

1 그는 날이 어두워지기 전에 아마 돌아올 수 있을 것이다.

2 그는 날이 밝기 전에 아마 (건너)오지 못할 것이다.

3 물건이 무겁지 않아서 내가 들(어올릴) 수 있어.

4 배가 너무 아파서 나는 일어설 수 없어.

5 네가 이렇게 말랐으니, 틀림없이 (이 옷이) 맞을 거야(들어갈 거야).

6 산이 저렇게 높으니, 절대 올라갈 수 없어.

1. 아래 문제 ❶과 같이 주어진 어구를 활용하여 문장을 완성하세요.

❶

- 山高, 爬不上去

> 山那么高，肯定爬不上去。

_____

❷

- 她瘦, 穿得进去

> _____

❸

- 鞋小, 穿不进去

> _____

❹

- 东西重, 拿不上来

> _____

2. 아래 주어진 의미에 맞게 가능보어 형식을 사용하여 문장을 완성하세요.

❶ 东西不重，我_____。

물건이 무겁지 않아서 내가 들(어 올릴) 수 있어.

❷ 工作太忙，天亮之前我_____。

일이 너무 바빠 날이 밝기 전에 나는 (건너)갈 수 없다.

❸ 肚子太疼，我_____。

배가 너무 아파서 나는 일어설 수 없어.

💬 Dialogue

회화의 한어병음과 한자를 정확하게 읽어 보세요.

Ⓐ　Wǒ ná chī de lái le, kuài lái chī a.

Ⓑ　Děng wǒ yíhuìr, wǒ zài gēn péngyou wánr yóuxì ne.

Ⓐ　Nǐ shì shénme shíhou àishàng wǎngyóu de?

Ⓑ　Yìzhí dōu xǐhuan, zhǐ búguò píngshí gōngzuò tài máng, wánr
bu liǎo yóuxì.

Ⓐ　Kuài lái a, cài liáng le jiù bù hǎochī le.

Ⓑ　Nǐ mǎi zhème duō cài, zánmen chī de wán ma?

Ⓐ　Nà gěi Xiǎo Lǐ dǎ diànhuà, ràng tā guòlái yìqǐ chī?

Ⓑ　Tā jīntiān yào jiābān, guò bu lái. Háishi zán liǎ duō chī diǎnr ba.

08-05

Ⓐ 我拿吃的来了，快来吃啊。

Ⓑ 等我一会儿，我在跟朋友玩儿游戏呢。

Ⓐ 你是什么时候爱上网游的?

Ⓑ 一直都喜欢，只不过ᴳ平时工作太忙，玩儿不了游戏。

Ⓐ 快来啊，菜凉了就不好吃了。

Ⓑ 你买这么多菜，咱们吃得完吗?

Ⓐ 那给小李打电话，让他过来一起吃?

Ⓑ 他今天要加班，过不来。还是咱俩多吃点儿吧。

Ａ 내가 먹을 것을 가지고 왔어, 어서 와서 먹어.

Ｂ 잠깐만 (나를) 기다려 줘, 나 친구랑 게임 중이야.

Ａ (너) 언제부터 인터넷 게임을 좋아하게 된 거야?

Ｂ 줄곧 좋아했어, 다만 평소에 일이 너무 바빠서 게임을 하지 못했을 뿐이야.

Ａ 어서 와, 음식이 식으면 맛이 없어.

Ｂ (네가) 이렇게 음식을 많이 사(와)서 우리가 다 먹을 수 있을까?

Ａ 그러면 샤오리한테 전화해서 와서 함께 먹자고 할까?

Ｂ 샤오리는 오늘 야근해서 (건너)올 수 없어. 그냥 우리 둘이 좀 많이 먹자.

Xiàonǚ Shěnqīng (2)

Shěnqīng láidào hǎishén de gōngdiàn, hǎishén bèi tā de xiàoxīn gǎndòng le, jiù yòng dà liánhuā bǎ tā sònghuí le lùdì shàng. Yí ge yúfū fāxiàn le dà liánhuā, bǎ dà liánhuā dàidào guówáng de miànqián.

Guówáng ràng rén bǎ liánhuā dǎkāi, fāxiàn lǐmian yǒu yí ge piàoliang de xiǎo nǚ hái. Tā hěn jīngyà. Shěnqīng bǎ zìjǐ de gùshi dōu gàosu le guówáng, guówáng xǐhuan shàng le tā, bù jiǔ tāmen jiéhūn le.

Shěnqīng qiānxīn wànkǔ de zhǎodào le bàba, dà hǎn le yì shēng bàba. Nà yí kè, qíjì fāshēng le. Bàba zhēngkāi le yǎnjing, tā zhōngyú néng kànjiàn nǚ'ér le.

- -

심청은 바다신의 궁전에 오게 되었는데, 바다신이 그녀의 효심에 감동하여 큰 연꽃을 이용해 그녀를 육지로 돌려보냈다. 한 어부가 큰 연꽃을 발견하여, 이 큰 연꽃을 왕에게 가져갔다.

왕이 사람을 시켜 연꽃을 열어보게 하자, 안에서 아름다운 소녀가 나왔다. 왕은 깜짝 놀랐다. 심청은 자신의 이야기를 모두 왕에게 알렸고, 왕은 그녀를 좋아하게 되어, 이윽고 그들은 결혼했다.

심청은 천신만고 끝에 아버지를 찾게 되었고, 큰 소리로 "아버지"라고 외쳤다. 그 순간 기적이 일어났다. 아버지가 눈을 번쩍 뜨게 되어, 그는 마침내 딸을 볼 수 있었다.

- -

孝女沈清 (2)

　　沈清来到海神的宫殿，海神被她的孝心感动了，就用大莲花把她送回了陆地上。一个渔夫发现了大莲花，把大莲花带到国王的面前。

　　国王让人把莲花打开，发现里面有一个漂亮的小女孩。他很惊讶。沈清把自己的故事都告诉了国王，国王喜欢上了她，不久他们结婚了。

　　沈清千辛万苦地找到了爸爸，大喊了一声爸爸。那一刻，奇迹发生了。爸爸睁开了眼睛，他终于能看见女儿了。

💬 대화하기　　沈清是怎么跟国王结婚的?

┃ 단어 ┃

宫殿 gōngdiàn 궁전 | 孝心 xiàoxīn 효심 | 感动 gǎndòng 감동하다 | 莲花 liánhuā 연꽃 | 陆地 lùdì 육지 | 渔夫 yúfū 어부 | 面前 miànqián 앞쪽, 앞 | 惊讶 jīngyà 놀라다 | 千辛万苦 qiānxīn wànkǔ 천신만고, 온갖 노고 | 喊 hǎn 외치다, 소리 지르다 | 刻 kè 시간, 시각 | 奇迹 qíjì 기적 | 睁 zhēng 눈을 뜨다

这个孩子
既可爱又活泼。

Play point 01 这个孩子既可爱又活泼。

Play point 02 他不仅会说汉语，而且会说英语。

Play point 03 只有这家店才能喝到这种茶。

Play point 04 虽说事情不大，可还得好好儿办。

1 这个孩子既可爱又活泼。
Zhège háizi jì kě'ài yòu huópō.

2 这个水果既便宜又好吃。
Zhège shuǐguǒ jì piányi yòu hǎochī.

3 他的房间既整齐又干净。
Tā de fángjiān jì zhěngqí yòu gānjìng.

4 她的衣服既漂亮又时尚。
Tā de yīfu jì piàoliang yòu shíshàng.

5 既要上班，又要照顾孩子。
Jì yào shàngbān, yòu yào zhàogù háizi.

6 既要上学，又要打工赚钱。
Jì yào shàngxué, yòu yào dǎgōng zhuànqián.

1 이 아이는 귀엽고 활발하다.

2 이 과일은 싸고 맛있다.

3 그의 방은 정돈되어 있고 깨끗하다.

4 그녀의 옷은 예쁘고 트렌디하다.

5 출근도 해야 하고 아이도 돌봐야 한다.

6 등교도 해야 하고 아르바이트하며 돈도 벌어야 한다.

Skill Up

1. 아래 문제 **❶**과 같이 주어진 단어를 활용하여 문장을 완성하세요.

❶

- 这个孩子, 可爱, 活泼

> 这个孩子既可爱又活泼。

❷

- 这件衣服, 漂亮, 便宜

>

❸

- 这个房间, 整齐, 干净

>

❹

- 这个菜, 便宜, 好吃

>

2. 다음 문장에서 제시어가 들어갈 정확한 위치를 찾아 체크해 보세요.

❶ A 既要 B 上班, C 又 D 照顾孩子。 （要）

❷ 她 A 要上学 B, C 又 D 要打工赚钱。 （既）

❸ 这家 A 酒店 B 既 C 豪华 D 气派。 （又）

1 **他不仅会说汉语，而且会说英语。**
Tā bùjǐn huì shuō Hànyǔ, érqiě huì shuō Yīngyǔ.

2 **她不仅会打网球，而且会打篮球。**
Tā bùjǐn huì dǎ wǎngqiú, érqiě huì dǎ lánqiú.

3 **这座写字楼不仅高，而且很豪华。**
Zhè zuò xiězìlóu bùjǐn gāo, érqiě hěn háohuá.

4 **这件羽绒服不仅贵，而且不好洗。**
Zhè jiàn yǔróngfú bùjǐn guì, érqiě bù hǎoxǐ.

5 **不仅是豆腐，而且里面的蔬菜都容易消化。**
Bùjǐn shì dòufu, érqiě lǐmiàn de shūcài dōu róngyì xiāohuà.

6 **不仅是学生，而且所有的老师都参加比赛。**
Bùjǐn shì xuésheng, érqiě suǒyǒu de lǎoshī dōu cānjiā bǐsài.

1 그는 중국어뿐만 아니라 영어도 말할 줄 압니다.

2 그녀는 테니스뿐만 아니라 농구도 할 줄 안다.

3 이 오피스텔은 높을 뿐 아니라 호화롭습니다.

4 이 패딩은 비쌀 뿐 아니라 세탁하기도 어렵습니다.

5 두부뿐만 아니라 속의 야채도 모두 소화가 잘돼요.

6 학생뿐만 아니라 모든 선생님들이 다 시합에 참가해요.

1. 아래 문제 ❶과 같이 주어진 어구를 활용하여 문장을 완성하세요.

❶

– 这座写字楼, 高, 很豪华

❯ 这座写字楼不仅高，而且很豪华。

❷

– 这件羽绒服, 贵, 不好洗

❯

❸

– 这个手机, 好看, 很好用

❯

❹

– 这家咖啡厅, 气派, 很舒服

❯

2. 아래 주어진 의미에 맞게 문장을 완성하세요.

❶ 他不仅会说汉语, _____。

그는 중국어뿐만 아니라 영어도 할 줄 안다.

❷ 不仅是豆腐, _____都容易消化。

두부뿐만 아니라 속의 야채도 모두 소화가 잘된다.

❸ _____, 而且所有的老师都参加比赛。

학생뿐만 아니라 모든 선생님들이 다 시합에 참가한다.

Play point 03

只有这家店才能喝到这种茶。

1 只有这家店才能喝到这种茶。
Zhǐyǒu zhè jiā diàn cái néng hēdào zhè zhǒng chá.

2 只有这家店才能尝到这道菜。
Zhǐyǒu zhè jiā diàn cái néng chángdào zhè dào cài.

3 只有每天认真学习，才能通过考试。
Zhǐyǒu měitiān rènzhēn xuéxí, cái néng tōngguò kǎoshì.

4 只有解决这个问题，才能完成任务。
Zhǐyǒu jiějué zhège wèntí, cái néng wánchéng rènwù.

5 只有保护自然环境，人类才能继续发展。
Zhǐyǒu bǎohù zìrán huánjìng, rénlèi cái néng jìxù fāzhǎn.

6 只有满足这个要求，我们才能继续合作。
Zhǐyǒu mǎnzú zhège yāoqiú, wǒmen cái néng jìxù hézuò.

1 이 가게에서만 이 차를 마실 수 있어.

2 이 가게에서만 이 음식을 맛볼 수 있어.

3 매일 열심히 공부해야만 시험에 통과할 수 있어요.

4 이 문제를 해결해야만 임무를 완성할 수 있어요.

5 자연환경을 보호해야만 인류는 지속적으로 발전할 수 있다.

6 이 요구를 만족시켜야만 우리는 계속 협력할 수 있다.

1. 아래 문제 ❶과 같이 주어진 어구를 활용하여 문장을 완성하세요.

❶

- 这家店，尝这种咖啡

> 只有这家店才能尝到这种咖啡。

❷

- 这家书店，买这本书

>

❸

- 这家银行，换人民币

>

❹

- 这家商店，买这个牌子

>

2. 아래 주어진 의미에 맞게 문장을 완성하세요.

❶ 只有每天认真学习，才能_____。

매일 열심히 공부해야만 시험에 통과할 수 있어요.

❷ 只有_____，才能完成任务。

이 문제를 해결해야만 임무를 완성할 수 있어요.

❸ 只有_____，我们才能继续合作。

이 요구를 만족시켜야만 우리는 계속 협력할 수 있다.

虽说事情不大，可还得好好儿办。

09-04

1 虽说事情不大，可还得好好儿办。
Suīshuō shìqing bú dà, kě hái děi hǎohāor bàn.

2 虽说酒量很大，可你还得慢慢喝。
Suīshuō jiǔliàng hěn dà, kě nǐ hái děi mànmàn hē.

3 虽然身体不舒服，但她还是参加比赛了。
Suīrán shēntǐ bù shūfu, dàn tā háishi cānjiā bǐsài le.

4 虽然学习非常忙，但我还是参加社团了。
Suīrán xuéxí fēicháng máng, dàn wǒ háishi cānjiā shètuán le.

5 虽然他是个小孩子，不过你要尊重他的意见。
Suīrán tā shì ge xiǎo háizi, búguò nǐ yào zūnzhòng tā de yìjiàn.

6 虽然这是个小公司，不过你得考虑它的前景。
Suīrán zhè shì ge xiǎo gōngsī, búguò nǐ děi kǎolǜ tā de qiánjǐng.

1 비록 일이 크지 않다 하더라도 잘 처리해야 해.

2 비록 주량이 세다 하더라도 너는 천천히 마셔야 해.

3 비록 몸이 편치 않았지만 그래도 그녀는 시합에 참가했습니다.

4 비록 공부가 굉장히 바빴지만 그래도 나는 동아리 활동에 참가했습니다.

5 비록 그는 아이지만 그래도 당신은 그의 의견을 존중해야 해요.

6 비록 여기는 작은 회사지만 그래도 당신은 그 회사의 전망을 고려해야 해요.

Skill Up

1. 아래 문제 ❶과 같이 주어진 어구를 활용하여 문장을 완성하세요.

– 酒量很大, 慢慢喝

> 虽说酒量很大, 可你还得慢慢喝。

_____

❷

– 事情不大, 好好儿办

>

_____

❸

– 工作很忙, 去参加

>

_____

❹

– 身体很累, 去运动

>

_____

2. 아래 주어진 괄호 안의 단어를 사용하여 문장을 완성하세요.

❶ 虽然他是个孩子, 不过_____。 （尊重, 意见）

비록 그는 아이지만 그래도 당신은 그의 의견을 존중해야 해요.

❷ 虽然这是个小公司, 不过_____。 （考虑, 前景）

비록 여기는 작은 회사지만 그래도 당신은 그 회사의 전망을 고려해야 해요.

❸ 虽然天气不太好, 不过我们_____。 （参加, 运动会）

비록 날씨는 별로 안 좋지만 그래도 우리는 운동회에 참가해야 한다.

회화의 한어병음과 한자를 정확하게 읽어 보세요.

Ⓐ Tīngshuō nǐ jiārù le yuángōng shètuán, shì ma?

Ⓑ Shì de, wǒ jiārù le shūfǎ shètuán.
Shūfǎ bùjǐn hěn yǒu yìsi, érqiě hái fēngfù le wǒ de shēnghuó.

Ⓐ Búcuò. Jì kěyǐ liàn shūfǎ, yòu kěyǐ xué hànzì.

Ⓑ Wǒ yě shì nàme xiǎng de. Qíshí wǒ zài Hánguó de shíhou jiù tǐng xǐhuan shūfǎ de.

Ⓐ Nǐmen Hánguó yě yǒu rén xué shūfǎ ma?

Ⓑ Suīshuō yǒu, dàn bú shì hěn duō.

Ⓐ Děng nǐ xuéchéng le, gěi wǒ tí ge cí ba.

Ⓑ Hǎo a, wǒ duō liànlian ba.

09-05

Ⓐ 听说你加入了员工社团，是吗？

Ⓑ 是的，我加入了书法社团。
书法不仅很有意思，而且还丰富了我的生活。

Ⓐ 不错。既可以练书法，又可以学汉字。

Ⓑ 我也是那么想的。其实我在韩国的时候就挺喜欢书法的。

Ⓐ 你们韩国也有人学书法吗？

Ⓑ 虽说有，但不是很多。

Ⓐ 等你学成了ᴳ，给我题个词吧。

Ⓑ 好啊，我多练练吧。

Ⓐ 듣자 하니 너 직원 동아리에 가입했다던데, 그래?

Ⓑ 응, 나 서예 동아리에 가입했어.
서예는 재미있을 뿐만 아니라 내 생활도 다채롭게 해 줘.

Ⓐ 좋네. 서예도 연습하고 한자도 배우고.

Ⓑ 나도 그렇게 생각해. 사실 한국에 있을 때 서예를 정말 좋아했어.

Ⓐ 너희 한국에도 서예 배우는 사람이 있니?

Ⓑ 있기는 한데 많지 않아.

Ⓐ 네가 다 배우면 나한테 글귀 좀 써 줘.

Ⓑ 좋아. 내가 많이 연습해 볼게.

해님과 달님

한국 전래동화 중 하나로, 호랑이와 오누이의 대결을 통해 선한 약자에게는 복을 주고 악한 강자에게는 하늘도 벌을 준다는 내용을 담고 있다. 또한 두려움 속에서도 침착함을 잃지 않고 호랑이에 맞서는 오누이의 용기와 지혜는 '호랑이 굴에 들어가도 정신만 차리면 살 수 있다.' 는 옛 선조들의 삶의 자세를 그대로 보여 주는 대목이다. 친한 사람들끼리 뭔가를 요구할 때 장난스럽게 사용하는 "○○○ 주면 안 잡아먹지~!"라는 말투가 여기서 유래되었다.

Tàiyáng hé yuèliang (1)

Yìtiān, māma qù mài mǐgāo, huílái de lùshang bèi yì zhī lǎohǔ chīdiào le. Zhè zhī lǎohǔ bùjǐn bǎ māma chīdiào le, érqiě hái xiǎng chīdiào xiōngmèi liǎ. Lǎohǔ dǎbàn chéng māma qù qiāo mén, shuō: "Háizimen, māma huílái le, kuài kāi mén a!" Qiāo mén de shēngyīn jì dà yòu chǎo, xiōngmèi liǎ bùgǎn kāi mén. Lǎohǔ fāxiàn tāmen pádào le dàshù shàng. Lǎohǔ zhīdào zhǐyǒu tāmen xiàlái cái yǒu jīhuì chīdiào tāmen. Tā pǎodào dàshù xià dà hǎn: "Rúguǒ nǐmen gàosu wǒ zěnme shàngqù, wǒ jiù bù chī nǐmen le." Tāmen gēnběn jiù bù lǐ lǎohǔ.

어느 날, 엄마가 떡을 팔러 갔다 돌아오는 길에 호랑이에게 잡아먹히고 말았다. 이 호랑이는 엄마를 잡아먹고도 (그것도 모자라) 오누이까지 잡아먹으려고 했다. 호랑이는 엄마인 척 꾸미고 가서는 문을 두드리며 말했다. "애들아, 엄마 왔어. 어서 문 열어!" 문을 두드리는 소리가 크고 시끄러워, 오누이는 감히 문을 열지 못했다. 호랑이는 오누이가 큰 나무 위에 올라가 있는 것을 발견하였다. 호랑이는 그들이 내려와야만 잡아먹을 기회가 있다는 것을 알고는, 큰 나무 밑으로 달려가 크게 외쳤다. "만약 너희들이 어떻게 올라간 건지 나에게 알려 주면 안 잡아먹지." 오누이는 호랑이의 말에 대꾸하지 않았다.

太阳和月亮 (1)

　　一天，妈妈去卖米糕，回来的路上被一只老虎吃掉了。这只老虎不仅把妈妈吃掉了，而且还想吃掉兄妹俩。老虎打扮成妈妈去敲门，说："孩子们，妈妈回来了，快开门啊！"敲门的声音既大又吵，兄妹俩不敢开门。老虎发现他们爬到了大树上。老虎知道只有他们下来才有机会吃掉他们。它跑到大树下大喊："如果你们告诉我怎么上去，我就不吃你们了。"他们根本就不理老虎。

대화하기 老虎为什么打扮成妈妈？

| 단어 |

太阳 tàiyáng 해 | 月亮 yuèliang 달 | 米糕 mǐgāo 떡 | 路上 lùshang 도중 | 老虎 lǎohǔ 호랑이 | 兄妹 xiōngmèi 오누이 | 敲 qiāo 두드리다 | 喊 hǎn 외치다, 소리치다 | 根本 gēnběn 전혀, 아예 | 理 lǐ 상대하다, 대꾸하다

对于考试时间，
我们应该合理安排。

01 对于考试时间，我们应该合理安排。

02 他们为实现理想而努力。

03 他们正朝着车站方向走去。

04 我通过运动来缓解压力。

对于考试时间，我们应该合理安排。

10-01

1
对于考试时间，我们应该合理安排。
Duìyú kǎoshì shíjiān, wǒmen yīnggāi hélǐ ānpái.

2
对于这个问题，我们应该认真考虑。
Duìyú zhège wèntí, wǒmen yīnggāi rènzhēn kǎolǜ.

3
对于好人好事，我们应该及时表扬。
Duìyú hǎo rén hǎo shì, wǒmen yīnggāi jíshí biǎoyáng.

4
关于这部电影，人们有不同的看法。
Guānyú zhè bù diànyǐng, rénmen yǒu bùtóng de kànfǎ.

5
关于交通安全，人们有不同的意见。
Guānyú jiāotōng ānquán, rénmen yǒu bùtóng de yìjiàn.

6
关于国外情况，人们有不同的想法。
Guānyú guówài qíngkuàng, rénmen yǒu bùtóng de xiǎngfǎ.

1 시험 시간에 대해 우리는 합리적으로 관리해야 합니다.

2 이 문제에 대해 우리는 진지하게 고민해야 합니다.

3 모범적인 사람과 사건에 대해 우리는 제때 칭찬해야 합니다.

4 이 영화에 대해 사람들은 서로 생각이 다르다.

5 교통안전에 대해 사람들은 서로 의견이 다르다.

6 국제형세에 대해 사람들은 서로 견해가 다르다.

1. 아래 문제 ❶과 같이 주어진 어구를 활용하여 문장을 완성하세요.

❶

　– 考试时间, 合理安排

　❯ 对于考试时间, 我们应该合理安排。

❷

　– 这个问题, 认真考虑

　❯

❸

　– 好人好事, 及时表扬

　❯

❹

　– 工作时间, 合理安排

　❯

2. 아래 주어진 의미에 맞게 문장을 완성하세요.

❶ 关于＿＿＿＿＿＿＿＿＿＿＿＿, 人们有不同的看法。

　이 영화에 대해 사람들은 서로 생각이 다르다.

❷ 关于＿＿＿＿＿＿＿＿＿＿＿＿, 人们有不同的意见。

　교통안전에 대해 사람들은 서로 의견이 다르다.

❸ 关于＿＿＿＿＿＿＿＿＿＿＿＿, 人们有不同的想法。

　국제형세에 대해 사람들은 서로 견해가 다르다.

他们为实现理想而努力。

1 他们为实现理想而努力。
Tāmen wèi shíxiàn lǐxiǎng ér nǔlì.

2 大家为完成任务而努力。
Dàjiā wèi wánchéng rènwù ér nǔlì.

3 政府为发展经济而努力。
Zhèngfǔ wèi fāzhǎn jīngjì ér nǔlì.

4 为了准备这次晚会，他们做了很多工作。
Wèile zhǔnbèi zhè cì wǎnhuì, tāmen zuò le hěn duō gōngzuò.

5 为了宣传这些产品，公司做了很多广告。
Wèile xuānchuán zhèxiē chǎnpǐn, gōngsī zuò le hěn duō guǎnggào.

6 为了满足顾客要求，公司做了很多规定。
Wèile mǎnzú gùkè yāoqiú, gōngsī zuò le hěn duō guīdìng.

1 그들은 꿈을 실현하기 위해 노력합니다.

2 모두가 임무를 완성하기 위해 노력합니다.

3 정부는 경제를 발전시키기 위해 노력합니다.

4 이번 파티를 준비하기 위해 그들은 많은 일을 했다.

5 이 제품들을 홍보하기 위해 회사는 광고를 많이 했다.

6 고객의 요구를 만족시키기 위해 회사는 많은 규정을 만들었다.

1. 아래 문제 ❶과 같이 주어진 어구를 활용하여 문장을 완성하세요.

❶

– 实现理想, 努力

❭ 他们为实现理想而努力。

❷

– 完成任务, 努力

❭

❸

– 发展经济, 努力

❭

❹

– 提高综合能力, 努力

❭

2. 아래 주어진 의미에 맞게 문장을 완성하세요.

❶ 为了准备这次晚会, 他们＿＿＿＿＿＿＿＿＿＿＿。

이번 파티를 준비하기 위해 그들은 많은 일을 했다.

❷ 为了宣传这些产品, 公司＿＿＿＿＿＿＿＿＿＿。

이 제품들을 홍보하기 위해 회사는 광고를 많이 했다.

❸ 为了满足顾客要求, 公司＿＿＿＿＿＿＿＿＿＿。

고객의 요구를 만족시키기 위해 회사는 많은 규정을 만들었다.

1 **他们正朝着车站方向走去。**
Tāmen zhèng cháozhe chēzhàn fāngxiàng zǒuqù.

2 **他们正朝着出口方向跑去。**
Tāmen zhèng cháozhe chūkǒu fāngxiàng pǎoqù.

3 **飞机正朝着相反方向飞去。**
Fēijī zhèng cháozhe xiāngfǎn fāngxiàng fēiqù.

4 **你沿着这条街往前走。**
Nǐ yánzhe zhè tiáo jiē wǎng qián zǒu.

5 **你沿着河边儿往北走。**
Nǐ yánzhe hébiānr wǎng běi zǒu.

6 **我沿着海边儿往西走。**
Wǒ yánzhe hǎibiānr wǎng xī zǒu.

1 그들은 정류장 방향으로 걸어가고 있다.

2 그들은 출구 방향으로 달려가고 있다.

3 비행기는 반대 방향으로 날아가고 있다.

4 당신은 이 거리를 따라 앞으로 가세요.

5 당신은 강가를 따라 북쪽으로 가세요.

6 저는 해변을 따라 서쪽으로 가요.

1. 아래 문제 ❶과 같이 주어진 어구를 활용하여 문장을 완성하세요.

❶

- 这条街, 往前走

> 你沿着这条街往前走。

❷

- 河边儿, 往北走

>

❸

- 海边儿, 往西走

>

❹

- 这条路, 往南走

>

2. 다음 문장에서 제시어가 들어갈 정확한 위치를 찾아 체크해 보세요.

❶ 他们 A 正 B 车站 C 方向 D 走去。　　　　　（朝着）

❷ 他们 A 正 B 朝着 C 出口 D 跑去。　　　　　（方向）

❸ 飞机 A 正 B 朝着相反 C 方向 D。　　　　　（飞去）

我通过运动来缓解压力。

1 我通过运动来缓解压力。
Wǒ tōngguò yùndòng lái huǎnjiě yālì.

2 我通过旅行来增长见识。
Wǒ tōngguò lǚxíng lái zēngzhǎng jiànshi.

3 我通过看电影来提高听力。
Wǒ tōngguò kàn diànyǐng lái tígāo tīnglì.

4 屋子经过打扫，干净了很多。
Wūzi jīngguò dǎsǎo, gānjìng le hěn duō.

5 工作经过调整，轻松了很多。
Gōngzuò jīngguò tiáozhěng, qīngsōng le hěn duō.

6 文章经过删减，简单了很多。
Wénzhāng jīngguò shānjiǎn, jiǎndān le hěn duō.

1 나는 운동을 통해(운동으로) 스트레스를 해소해.

2 나는 여행을 통해(여행으로) 견문을 넓혀.

3 나는 영화 보는 것을 통해(영화 보는 것으로) 듣기능력을 향상시켜.

4 방은 청소를 통해(방을 청소했더니) 많이 깨끗해졌다.

5 일은 조정을 통해(일을 조정했더니) 많이 수월해졌다.

6 글은 삭제를 통해(글을 삭제했더니) 많이 간단해졌다.

1. 아래 문제 ❶과 같이 주어진 어구를 활용하여 문장을 완성하세요.

❶

– 运动, 缓解压力

› 我通过运动来缓解压力。

❷

– 旅行, 增长见识

›

❸

– 看电影, 提高听力

›

❹

– 玩游戏, 缓解压力

›

2. 아래 주어진 어구를 보고 의미가 통하는 것끼리 연결하여 문장을 완성하세요.

❶ 屋子经过打扫 •

• A 轻松了很多

❷ 工作经过调整 •

• B 干净了很多

❸ 文章经过删减 •

• C 简单了很多

회화의 한어병음과 한자를 정확하게 읽어 보세요.

Ⓐ Nǐ zuìjìn Hànyǔ jìnbù hěn dà, yǒu shénme mìjué ma?

Ⓑ Wǒ zhǔyào tōngguò gēn péngyou liáotiān lái liànxí kǒuyǔ.

Ⓐ Guàibude nǐ de kǒuyǔ shuō de yuè lái yuè hǎo.

Ⓑ Wèile tígāo Hànyǔ xiězuò, wǒ hái bào le yí ge bǔxíbān.

Ⓐ Nàge bǔxíbān zěnmeyàng?

Ⓑ Wǒ juéde bú cuò. Zhè shì jīngguò duō cì dǎting hǎobù róngyì cái zhǎodào de.

Ⓐ 你最近汉语进步很大，有什么秘诀吗？

Ⓑ 我主要通过跟朋友聊天来练习口语。

Ⓐ 怪不得[G]你的口语说得越来越好。

Ⓑ 为了提高汉语写作，我还报了一个补习班。

Ⓐ 那个补习班怎么样？

Ⓑ 我觉得不错。这是经过多次打听好不容易[G]才找到的。

Ａ 너 요즘 중국어가 많이 늘었네. 무슨 비결이 있는 거야?

Ｂ 나는 주로 친구랑 이야기하는 것으로 말하기를 연습해.

Ａ 어쩐지 너의 말하기 실력이 갈수록 좋아진다 했어.

Ｂ 중국어 작문 실력을 향상시키기 위해 나는 학원도 하나 등록했어.

Ａ 그 학원은 어때?

Ｂ 괜찮은 것 같아. 이것도 여러 차례 수소문해서 겨우 찾은 곳이야.

Tàiyáng hé yuèliang (2)

Guò le yíhuìr, lǎohǔ cóng wūzi li náchū yì bǎ fǔtou lái, shuō: "Nǐmen bú gàosu wǒ, wǒ yě yǒu bànfǎ!" Xiōngmèi liǎ xiàhuài le, wèile bú bèi lǎohǔ chīdiào, tāmen xiàng tiānkōng dà hǎn: "Kuài jiùjiu wǒmen ba! Wǒmen yíbèizi dōu huì zuò hǎorén." Zhège shíhou, tiānkōng zhōng tūrán diàoxià yì gēn jiēshi de shéngzi, xiōngmèi liǎ yánzhe shéngzi pádào le tiānshàng, biànchéng le tàiyáng hé yuèliang.

Lǎohǔ kànjiàn le, yě xiàng tiānkōng qiú yì gēn shéngzi. Kěshì tiānkōng zhōng diào xiàlái de shì yì gēn làn shéngzi. Lǎohǔ pádào bànkōng zhōng, shéngzi tūrán duàn le, tā jiù shuāisǐ le.

얼마 후, 호랑이는 집에서 도끼 한 자루를 들고나와 말했다. "너희들이 알려 주지 않아도 다 방법이 있지!" 오누이는 깜짝 놀라, 호랑이에게 잡아먹히지 않기 위해 하늘을 향해 소리쳤다. "저희를 어서 구해 주세요! 저희가 평생 좋은 사람으로 살겠습니다." 이때, 하늘에서 갑자기 굵고 튼튼한 동아줄 하나가 내려왔고, 오누이는 동아줄을 따라(그것을 잡고) 하늘로 올라가 해님과 달님이 되었다.

호랑이가 이것을 보고는 하늘을 향해 밧줄 하나를 내려달라고 빌었다. 그러나 하늘에서 내려온 것은 썩은 동아줄이었다. 호랑이가 (이것을 잡고) 공중으로 올라가자 동아줄이 갑자기 끊어져 버렸고, 호랑이는 떨어져 죽고 말았다.

太阳和月亮 (2)

　　过了一会儿，老虎从屋子里拿出一把斧头来，说："你们不告诉我，我也有办法！"兄妹俩吓坏了，为了不被老虎吃掉，他们向天空大喊："快救救我们吧！我们一辈子都会做好人。"这个时候，天空中突然掉下一根结实的绳子，兄妹俩沿着绳子爬到了天上，变成了太阳和月亮。

　　老虎看见了，也向天空求一根绳子。可是天空中掉下来的是一根烂绳子。老虎爬到半空中，绳子突然断了，它就摔死了。

💬 **대화하기**　兄妹俩变成了什么？

▎단어 ▎

把 bǎ 개, 자루 [도끼 등을 세는 양사] | 斧头 fǔtou 도끼 | 吓 xià 놀라다 | 天空 tiānkōng 하늘 | 救 jiù 구하다 | 一辈子 yíbèizi 한평생 | 根 gēn 개 [가늘고 긴 것을 세는 양사] | 结实 jiēshi 튼튼하다 | 绳子 shéngzi 밧줄 | 天上 tiānshàng 천상, 하늘 | 求 qiú 간청하다, 부탁하다 | 烂 làn 썩다, 낡다 | 半空 bànkōng 공중 | 断 duàn 끊다, 자르다 | 摔 shuāi 떨어지다, 추락하다

你把鞋刷（一）刷。

학습 내용

Play point
01 你把鞋刷(一)刷。

Play point
02 我把教授气坏了。

Play point
03 我的电脑被人用过。

Play point
04 我们都被你感动了。

你把鞋刷(一)刷。

1 你把鞋刷(一)刷。
Nǐ bǎ xié shuā (yi) shuā.

2 你把手洗(一)洗。
Nǐ bǎ shǒu xǐ (yi) xǐ.

3 你把汗擦(一)擦。
Nǐ bǎ hàn cā (yi) cā.

4 你去把垃圾扔一下。
Nǐ qù bǎ lājī rēng yíxià.

5 你去把衣服洗一下。
Nǐ qù bǎ yīfu xǐ yíxià.

6 你去把报告改一下。
Nǐ qù bǎ bàogào gǎi yíxià.

1 당신은 신발을 좀 닦으세요.

2 당신은 손을 좀 씻으세요.

3 당신은 땀을 좀 닦으세요.

4 당신이 가서 쓰레기를 좀 버리세요.

5 당신이 가서 옷을 좀 세탁하세요.

6 당신이 가서 보고서를 좀 수정하세요.

1. 아래 문제 ❶과 같이 주어진 어구를 활용하여 문장을 완성하세요.

❶

‒ 刷鞋

〉你把鞋刷(一)刷。

❷

‒ 洗手

〉

❸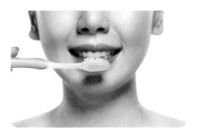

‒ 刷牙

〉

❹

‒ 洗头

〉

2. 다음 문장에서 제시어가 들어갈 정확한 위치를 찾아 체크해 보세요.

❶ 你 A 去 B 垃圾 C 扔 D 一下。　　　　　　　　（把）

❷ 你 A 把 B 衣服 C 洗 D 一下。　　　　　　　　（去）

❸ 你 A 去 B 把 C 报告 D 一下。　　　　　　　　（改）

1
我把教授气坏了。
Wǒ bǎ jiàoshòu qìhuài le.

2
他把老板急疯了。
Tā bǎ lǎobǎn jífēng le.

3
他把密码告诉我了。
Tā bǎ mìmǎ gàosu wǒ le.

4
他把帐户告诉我了。
Tā bǎ zhànghù gàosu wǒ le.

5
我没(有)把密码告诉他。
Wǒ méi(yǒu) bǎ mìmǎ gàosu tā.

6
我没(有)把帐户告诉他。
Wǒ méi(yǒu) bǎ zhànghù gàosu tā.

1 내가 교수님을 화나게 했다.

2 그가 보스를 조급해 미칠 지경으로 만들었다.

3 그가 나에게 비밀번호를 알려 줬어.

4 그가 나에게 계좌번호를 알려 줬어.

5 나는 그에게 비밀번호를 알려 주지 않았다.

6 나는 그에게 계좌번호를 알려 주지 않았다.

1. 아래 문제 ❶과 같이 주어진 단어를 활용하여 문장을 완성하세요.

❶

– 密码

〉他把密码告诉我了。

❷

– 帐户

〉

❸

– 秘密

〉

❹

– 价格

〉

2. 아래 괄호 안에 들어갈 알맞은 단어를 골라 써 넣으세요.

❶ 我没（　　　）密码告诉他。

　A 跟　　　　　B 给　　　　　C 和　　　　　D 把

❷ 我把教授气（　　　）了。

　A 好　　　　　B 坏　　　　　C 忙　　　　　D 累

❸ 他把老板急（　　　）了。

　A 冷　　　　　B 怕　　　　　C 跑　　　　　D 疯

1 我的电脑被人用过。
Wǒ de diànnǎo bèi rén yòngguo.

2 我的东西被人动过。
Wǒ de dōngxi bèi rén dòngguo.

3 他被人出卖过。
Tā bèi rén chūmài guo.

4 他被人利用过。
Tā bèi rén lìyòng guo.

5 我从来没(有)被人出卖过。
Wǒ cónglái méi(yǒu) bèi rén chūmài guo.

6 我从来没(有)被人利用过。
Wǒ cónglái méi(yǒu) bèi rén lìyòng guo.

1 내 컴퓨터를 다른 사람이 사용한 적 있어요.

2 내 물건을 다른 사람이 건드린 적 있어요.

3 그는 다른 사람에게 배신 당한 적이 있어.

4 그는 다른 사람에게 이용 당한 적이 있어.

5 나는 여태껏 다른 사람에게 배신 당한 적이 없다.

6 나는 여태껏 다른 사람에게 이용 당한 적이 없다.

Skill Up

1. 아래 문제 ❶과 같이 주어진 단어를 활용하여 문장을 완성하세요.

❶

– 电脑, 用

〉 我的电脑被人用过。

❷

– 东西, 动

〉

❸

– 手机, 看

〉

❹

– 钱包, 偷

〉

2. 아래의 문장을 읽고 문장이 올바르면 ✔, 틀리면 ✘를 표시하세요.

❶ 他被人出卖过。 (   )

❷ 我从来被人没出卖过。 (   )

❸ 我被人利用过没有。 (   )

1 **我们都被你感动了。**
Wǒmen dōu bèi nǐ gǎndòng le.

2 **我们都被你洗脑了。**
Wǒmen dōu bèi nǐ xǐnǎo le.

3 **我们都被你气坏了。**
Wǒmen dōu bèi nǐ qìhuài le.

4 **我们都被你急死了。**
Wǒmen dōu bèi nǐ jísǐ le.

5 **我们都被你烦死了。**
Wǒmen dōu bèi nǐ fánsǐ le.

6 **我们都被你吓死了。**
Wǒmen dōu bèi nǐ xiàsǐ le.

1 우리는 모두 당신에게 감동 받았어요.

2 우리는 모두 당신에게 세뇌 당했어요.

3 우리는 모두 당신 때문에 너무 화나요.

4 우리는 모두 당신 때문에 급해 죽겠어요.

5 우리는 모두 당신 때문에 귀찮아 죽겠어요.

6 우리는 모두 당신 때문에 정말 깜짝 놀랐어요(죽을 만큼 놀랐어요).

1. 아래 문제 ❶과 같이 주어진 어구를 활용하여 문장을 완성하세요.

- 烦死

> 我们都被你烦死了。

- 吓死

>

- 急死

>

- 气坏

>

2. 아래 주어진 의미에 맞게 문장을 완성하세요.

❶ 我们都＿＿＿＿＿＿＿＿＿＿＿＿＿。 우리는 모두 당신에게 감동 받았어요.

❷ 我们都＿＿＿＿＿＿＿＿＿＿＿＿＿。 우리는 모두 당신에게 세뇌 당했어요.

❸ 我们都＿＿＿＿＿＿＿＿＿＿＿＿＿。 우리는 모두 당신에게 이용 당했어요.

 Dialogue

회화의 한어병음과 한자를 정확하게 읽어 보세요.

Ⓐ Wǒ bǎ shǒujī nòngdiū le.

Ⓑ Bú huì ba? Nǐ hǎohāor zhǎozhao.

Ⓐ Wǒ dōu zhǎo le hǎo jǐ biàn, zhēnshì bǎ wǒ jísǐ le.

Ⓑ Nǐ xiān bié jí. Nǐ zuìhòu yí cì yòng shǒujī shì shénme shíhou?

Ⓐ Yīnggāi shì jīntiān zǎoshang. Wǒ shàngbān de shíhou hái tīng yīnyuè le ne.

Ⓑ Nà nǐ qù chǔwùguì zhǎozhao ba.

(잠시 후)

Ⓐ Shǒujī bèi wǒ zhǎodào le. Wǒ zài xǐshǒujiān zhǎodào de.

Ⓑ Wǒ dōu bèi nǐ xiàsǐ le.

11-05

🅐 我把手机弄丢了。

🅑 不会吧？你好好儿找找。

🅐 我都找了好几遍，真是把我急死了。

🅑 你先别急。你最后一次用手机是什么时候？

🅐 应该是^G今天早上。我上班的时候还听音乐了呢。

🅑 那你去储物柜找找吧。

(잠시 후)

🅐 手机被我找到了。我在洗手间找到的。

🅑 我都被你吓死了。

🅐 나 휴대폰을 잃어버렸어.

🅑 그럴 리가? (네가) 잘 좀 찾아봐.

🅐 내가 여러 번 찾아봤어. 정말 급해 죽겠네.

🅑 우선 조급해하지 말고. 네가 마지막으로 휴대폰을 사용한 때가 언제야?

🅐 아마도 오늘 아침일 거야. 내가 출근할 때 음악도 들었거든.

🅑 그럼 사물함에 가서 좀 찾아봐.

(잠시 후)

🅐 휴대폰 (내가) 찾았어. (내가) 화장실에서 찾았어.

🅑 너 때문에 정말 깜짝 놀랐잖아.

도원결의

도원결의(桃园结义)는 〈삼국지(三国志)〉 첫머리에 나오는 유명한 구절로, 후한 말기 황건적의 난으로 의병을 모집하고 있었던 때에 유비, 관우, 장비가 장비의 집 뒤뜰 복숭아밭에서 만나 의형제를 맺은 일을 말한다. 이 일을 복숭아밭에서 맺은 결의라고 하여 도원결의라 칭하게 되었고, 이 말은 "뜻이 맞는 사람끼리 한 목적을 위해 행동을 같이하기로 약속한다."라는 뜻으로 지금도 많이 사용되고 있다.

Táoyuán jiéyì (1)

Dōng Hàn mònián, xiànchéng ménkǒu tiēzhe yì zhāng gàoshi, hěn duō rén dōu lái kàn. Rénqún zhōng yǒu yí wèi hóng liǎn dàhàn, jiào Guān Yǔ. Yīnwèi jiànyì yǒngwéi, shā le huàirén, suǒyǐ líkāi jiāxiāng, láidào zhèli mài lǜdòu. Rénqún zhōng yǒu yí wèi kàn le gàoshi, tàn le yì kǒu qì. Tā jiào Liú Bèi, gēn mǔqīn láidào zhèli mài cǎoxí. Rénqún zhōng hái yǒu yí wèi hēi liǎn dàhàn, jiào Zhāng Fēi, zài zhèli kāi ròupù, hěn xǐhuan jiāo péngyou.

동한 말, 성문 입구에 방이 하나 붙었는데, 많은 사람들이 보러 왔다. 사람들 중에 관우라고 하는 붉은 얼굴의 대장부가 있었다. (그는) 정의를 위해 용감하게 나서서 나쁜 사람을 죽이는 바람에, 고향을 떠나 이곳에 와서 녹두를 팔고 있었다. 사람들 중에 이 방을 보고 탄식을 하는 사람도 있었는데, 그는 유비라는 사람으로, 어머니와 함께 이곳에 와서 멍석을 팔고 있었다. 사람들 중에는 또 장비라고 하는 검은 얼굴의 대장부가 있었는데, (그는) 이곳에서 푸줏간을 하고 있었고, 벗 사귀기를 좋아했다.

桃园结义 (1)

东汉末年，县城门口贴着一张告示，很多人都来看。人群中有一位红脸大汉，叫关羽。因为见义勇为，杀了坏人，所以离开家乡，来到这里卖绿豆。人群中有一位看了告示，叹了一口气。他叫刘备，跟母亲来到这里卖草席。人群中还有一位黑脸大汉，叫张飞，在这里开肉铺，很喜欢交朋友。

💬 **대화하기** 刘备、关羽、张飞是做什么的?

단어

桃园 táoyuán 도원 | 结义 jiéyì 의형제, 의자매를 맺다 | 东汉 Dōng Hàn 동한 | 末年 mònián 말년, 말기 | 县城 xiànchéng 현도 | 告示 gàoshi 방, 포고(布告) | 人群 rénqún 사람의 무리 | 大汉 dàhàn 사내대장부 | 关羽 Guān Yǔ 관우 | 见义勇为 jiànyì yǒngwéi 정의를 보고 용감하게 뛰어 들다 | 杀 shā 죽이다, 죽다 | 坏人 huàirén 나쁜 사람 | 离开 líkāi 떠나다 | 家乡 jiāxiāng 고향 | 绿豆 lǜdòu 녹두 | 叹气 tànqì 한숨 쉬다 | 刘备 Liú Bèi 유비 | 母亲 mǔqīn 모친 | 草席 cǎoxí 멍석 | 张飞 Zhāng Fēi 장비 | 肉铺 ròupù 푸줏간

因为他睡懒觉了，
所以上学迟到了。

학습 내용

 Play point 01 因为他睡懒觉了，所以上学迟到了。

 Play point 02 既然你已经决定了，那就这样吧。

 Play point 03 即使天气再不好，我也要去。

Play point 04 宿舍一到十点就关门。

因为他睡懒觉了，所以上学迟到了。

12-01

1 因为他睡懒觉了，所以上学迟到了。
Yīnwèi tā shuì lǎnjiào le, suǒyǐ shàngxué chídào le.

2 因为小明生病了，所以这节课没来。
Yīnwèi Xiǎomíng shēngbìng le, suǒyǐ zhè jié kè méi lái.

3 因为天气太冷了，所以他不想出门。
Yīnwèi tiānqì tài lěng le, suǒyǐ tā bù xiǎng chūmén.

4 因为他太浪漫了，所以我很喜欢他。
Yīnwèi tā tài làngmàn le, suǒyǐ wǒ hěn xǐhuan tā.

5 叔叔因为丢了手机，所以心情不太好。
Shūshu yīnwèi diū le shǒujī, suǒyǐ xīnqíng bú tài hǎo.

6 阿姨因为得了感冒，所以脸色不太好。
Āyí yīnwèi dé le gǎnmào, suǒyǐ liǎnsè bú tài hǎo.

1 그가 늦잠을 자서 학교에 지각했어요.

2 샤오밍이 아파서 이 수업에 못 왔어요.

3 날이 너무 추워서 그는 나가고 싶지 않다.

4 그가 너무 로맨틱해서 나는 그를 좋아한다.

5 아저씨가 휴대폰을 잃어버려서 기분이 별로 좋지 않습니다.

6 이모가 감기에 걸려서 안색이 별로 좋지 않습니다.

1. 아래 문제 ❶과 같이 주어진 어구를 활용하여 문장을 완성하세요.

❶

- 他睡懒觉, 上班迟到了

❭ 因为他睡懒觉了，所以上班迟到了。

❷

- 她生病了, 这节课没来

❭

❸

- 天气太冷, 不想出门

❭

❹

- 她太累了, 不想上班

❭

2. 아래 주어진 의미에 맞게 문장을 완성하세요.

❶ 因为他太浪漫了, ＿＿＿＿＿＿＿＿＿＿＿＿＿＿＿。

그가 너무 로맨틱해서 나는 그를 좋아한다.

❷ ＿＿＿＿＿＿＿＿＿＿＿＿＿＿, 所以心情不太好。

아저씨가 휴대폰을 잃어버려서 기분이 별로 좋지 않습니다.

❸ 阿姨因为得了感冒, ＿＿＿＿＿＿＿＿＿＿＿＿＿＿。

이모가 감기에 걸려서 안색이 별로 좋지 않습니다.

Play point 02

既然你已经决定了，那就这样吧。

12-02

1 既然你已经决定了，那就这样吧。
Jìrán nǐ yǐjīng juédìng le, nà jiù zhèyàng ba.

2 既然不能好好儿相处，那就分手吧。
Jìrán bù néng hǎohāor xiāngchǔ, nà jiù fēnshǒu ba.

3 既然待遇这么不好，那我就不去了。
Jìrán dàiyù zhème bù hǎo, nà wǒ jiù bú qù le.

4 既然你们说不好看，那我就不买了。
Jìrán nǐmen shuō bù hǎokàn, nà wǒ jiù bù mǎi le.

5 既然班长不能参加，会议就只好改日期了。
Jìrán bānzhǎng bù néng cānjiā, huìyì jiù zhǐhǎo gǎi rìqī le.

6 既然他有不同想法，我就只好修改计划了。
Jìrán tā yǒu bù tóng xiǎngfǎ, wǒ jiù zhǐhǎo xiūgǎi jìhuà le.

1 어차피 네가 이미 결정했으니, 그럼 그냥 이렇게 하자.

2 어차피 서로 잘 지낼 수 없으니, 그럼 그냥 헤어지자.

3 어차피 대우가 이렇게 좋지 않으니, 그럼 나는 안 가겠어.

4 어차피 너희들이 예쁘지 않다고 하니, 그럼 나는 안 사겠어.

5 어차피 반장이 참가할 수 없으니, 회의는 날짜를 바꿀 수밖에 없습니다.

6 어차피 그가 생각이 다르니, 제가 계획을 수정할 수밖에 없습니다.

Skill

1. 아래 문제 ❶과 같이 주어진 어구를 활용하여 문장을 완성하세요.

❶

– 你已经决定了, 这样吧

❯ 既然你已经决定了，那就这样吧。

❷

– 不能好好儿相处, 分手吧

❯

❸

– 待遇不好, 不去了

❯

❹

– 生病了, 休息吧

❯

2. 아래 주어진 문장을 보고 문맥에 맞게 연결하여 문장을 완성하세요. (1회씩만 연결 가능)

❶ 既然你们说不好看， •

• Ⓐ 我就只好修改计划了。

❷ 既然班长不能参加， •

• Ⓑ 会议就只好改日期了。

❸ 既然他有不同想法， •

• Ⓒ 那我就不买了。

Chapter 12. 因为他睡懒觉了，所以上学迟到了。 171

即使天气再不好，我也要去。

12-03

1 即使天气再不好，我也要去。
Jíshǐ tiānqì zài bù hǎo, wǒ yě yào qù.

2 即使爸爸不答应，我也要去。
Jíshǐ bàba bù dāying, wǒ yě yào qù.

3 即使一个人，你也要好好儿生活。
Jíshǐ yí ge rén, nǐ yě yào hǎohāor shēnghuó.

4 即使没时间，你也要按时运动。
Jíshǐ méi shíjiān, nǐ yě yào ànshí yùndòng.

5 这件事情即使不会成功，我也不后悔。
Zhè jiàn shìqing jíshǐ bú huì chénggōng, wǒ yě bú hòuhuǐ.

6 这个计划即使不能实现，我也不后悔。
Zhège jìhuà jíshǐ bù néng shíxiàn, wǒ yě bú hòuhuǐ.

1 설령 날씨가 더 좋지 않아도, 나는 갈 거야.

2 설령 아버지가 허락하지 않더라도, 나는 갈 거야.

3 설령 혼자라도, (너) 잘 지내야 한다.

4 설령 시간이 없더라도, (너) 제때 운동해야 한다.

5 설령 이 일이 성공하지 못한다 해도, 나는 후회하지 않습니다.

6 설령 이 계획이 실현되지 못한다 해도, 나는 후회하지 않습니다.

1. 아래 문제 ❶과 같이 주어진 어구를 활용하여 문장을 완성하세요.

❶

– 天气再不好, 去

> 即使天气再不好，我也要去。

❷

– 爸爸不答应, 去

>

❸

– 明天下雪, 去

>

❹

– 飞机票很贵, 去

>

2. 아래 주어진 어구를 사용하여 의미에 맞게 문장을 완성하세요.

❶ 即使一个人，＿＿＿＿＿＿＿＿＿＿＿。 （要, 生活）

설령 혼자라도, (너) 잘 지내야 한다.

❷ 即使没时间，＿＿＿＿＿＿＿＿＿＿＿。 （要, 运动）

설령 시간이 없더라도, (너) 제때 운동해야 한다.

❸ 这件事情即使不会成功，＿＿＿＿＿＿＿＿＿。 （不后悔）

설령 이 일이 성공하지 못한다 해도, 나는 후회하지 않습니다.

宿舍一到十点就关门。

12-04

1 宿舍一到十点就关门。
Sùshè yí dào shí diǎn jiù guānmén.

2 学校一到放假就没人。
Xuéxiào yí dào fàngjià jiù méi rén.

3 他一回到家就像变了个人。
Tā yì huídào jiā jiù xiàng biàn le ge rén.

4 我一看到他就像变了个人。
Wǒ yí kàndào tā jiù xiàng biàn le ge rén.

5 一提起北京，我就会想到烤鸭。
Yì tíqǐ BěiJīng, wǒ jiù huì xiǎngdào kǎoyā.

6 一说起四川，我就会想到熊猫。
Yì shuōqǐ Sìchuān, wǒ jiù huì xiǎngdào xióngmāo.

1 기숙사는 10시만 되고 곧 닫습니다.

2 학교는 방학이 되면 바로 사람이 없습니다.

3 그는 집에 도착하기만 하면 바로 딴사람이 된다.

4 나는 그를 보기만 하면 바로 딴사람이 된다.

5 베이징 얘기만 나오면, (나는) 바로 카오야가 생각날 거야.

6 쓰촨 얘기만 하면, (나는) 바로 판다가 떠오를 거야.

1. 아래 문제 ❶과 같이 주어진 어구를 활용하여 문장을 완성하세요.

❶

- 宿舍, 十点, 关门
> 宿舍一到十点就关门。
_____

❷

- 学校, 放假, 没人
>
_____

❸

- 餐厅, 星期一, 休息
>
_____

❹

- 百货商店, 八点, 关门
>
_____

2. 다음 문장에서 제시어가 들어갈 정확한 위치를 찾아 체크해 보세요.

❶ 我 A 一看到 B 他就 C 变了 D 个人。 （像）

❷ A 一 B 北京，我 C 就会 D 想到烤鸭。 （提起）

❸ 一 A 说起 B 四川，我就 C 会 D 熊猫。 （想到）

회화의 한어병음과 한자를 정확하게 읽어 보세요.

A Nǐ zhè cì bù hé wǒ yìqǐ qù lǚxíng ma?

Wèishénme yì tídào lǚxíng, nǐ jiù bú nàifán ne?

B Shì a. Wǒ shízài shì méi xìngqù.

Yīnwèi wǒ zhǐ xiǎng zài jiā xiūxi, suǒyǐ nǐ háishi zìjǐ qù ba.

A Jìrán nǐ zhè cì bù xiǎng qù, nà wǒ jiù gǎi shíjiān ba.

B Qiānwàn bié gǎi, jíshǐ gǎi le shíjiān, wǒ yě bú huì qù de.

A Nǐ zǒng zài jiā dāizhe, duō wúliáo a!

B Yí ge rén zài jiā kànkan shū、 tīngting yīnyuè, tǐng hǎo de.

12-05

Ⓐ 你这次不和我一起去旅行吗？
为什么一提到旅行，你就不耐烦呢？

Ⓑ 是啊。我实在是没兴趣。
因为我只想在家休息，所以你还是自己去吧。

Ⓐ 既然你这次不想去，那我就改时间吧。

Ⓑ 千万别改，即使改了时间，我也不会去的。

Ⓐ 你总在家呆着，多ᴳ无聊啊！

Ⓑ 一个人在家看看书、听听音乐，挺好的。

Ⓐ 너 이번에 나랑 같이 여행 안 갈 거야?
　왜 여행 얘기만 꺼내면 (너는) 짜증을 내?

Ⓑ 응, 내가 사실 흥미가 없어서 그래.
　나는 그저 집에서 쉬고 싶어, 그러니 그냥 너 혼자 가.

Ⓐ 어차피 네가 이번에 가고 싶어 하지 않으니, 그럼 내가 시간을 바꿀게.

Ⓑ 절대 그러지 마. 시간을 바꾼다 하더라도 나는 안 갈 거니까.

Ⓐ 넌 늘 집에만 있으니, 얼마나 심심하냐!

Ⓑ 혼자서 집에서 책도 좀 보고 음악도 좀 듣고, 정말 좋거든.

Táoyuán jiéyì (2)

Yīnwèi Liú Bèi、Guān Yǔ、Zhāng Fēi dōu juéde lǎobǎixìng guòde hěn kǔ, suǒyǐ tāmen xiǎng yìqǐ bāngzhù lǎobǎixìng. Liú Bèi shuō: "Jìrán zánmen yǒu tóngyàng de xiǎngfǎ, xiǎng jiùguó jiùmín, jiù zuò xiōngdì ba." Zhāng Fēi、Guān Yǔ yì tīngdào Liú Bèi zhème shuō, jiù mǎshàng dāying le. Tāmen sān ge rén zài Zhāng Fēi jiā de táoyuán li, jiéyì zuò le xiōngdì. Yīnwèi Liú Bèi niánjì zuì dà, suǒyǐ zuò le lǎodà. Guān Yǔ shì lǎo'èr, Zhāng Fēi zuì xiǎo jiù chéng le lǎosān.

- -

유비, 관우, 장비는 모두 백성들이 힘들게 살아가고 있다고 생각했기 때문에, 그들은 함께 백성들을 돕고자 했다. 유비가 "기왕 우리가 나라와 백성들을 구하고자 하는 생각이 같은 바에야, 우리 의형제를 맺읍시다."라고 말했다. 장비, 관우는 유비의 이런 말을 듣자마자 바로 승낙했다. 그들 세 사람은 장비 집의 도원(복숭아밭)에서 의형제를 맺었다. 유비의 나이가 가장 많았기에 첫째가 되었고, 관우가 둘째, 장비가 가장 어렸으므로 셋째가 되었다.

- -

桃园结义 (2)

因为刘备、关羽、张飞都觉得老百姓过得很苦，所以他们想一起帮助老百姓。刘备说："既然咱们有同样的想法，想救国救民，就做兄弟吧。"张飞、关羽一听到刘备这么说，就马上答应了。他们三个人在张飞家的桃园里，结义做了兄弟。因为刘备年纪最大，所以做了老大。关羽是老二，张飞最小就成了老三。

💬 **대화하기** 他们为什么结义做兄弟?

┃ **단어** ┃

老百姓 lǎobǎixìng 백성 ｜ 帮助 bāngzhù 돕다 ｜ 同样 tóngyàng 똑같다 ｜ 救 jiù 구하다 ｜ 老大 lǎodà (형제나 자매의)
맏이 ｜ 老二 lǎo'èr (형제나 자매의) 둘째 ｜ 老三 lǎosān (형제나 자매의) 셋째

퍼펙트 중국어 3

초판인쇄	2020년 8월 10일
초판발행	2020년 9월 1일
저자	김현철, 유성은, 김아영, 김홍매, 권순자, 원립추
책임 편집	최미진, 가석빈, 高霞
펴낸이	엄태상
디자인	진지화
조판	이서영
콘텐츠 제작	김선웅, 전진우, 김담이
마케팅	이승욱, 왕성석, 노원준
전략홍보	전한나, 정지혜, 조인선, 조성민
경영기획	마정인, 최성훈, 정다운, 김다미, 전태준, 오희연
물류	정종진, 윤덕현, 양희은, 신승진
펴낸곳	시사중국어사(시사북스)
주소	서울시 종로구 자하문로 300 시사빌딩
주문 및 교재 문의	1588-1582
팩스	(02)3671-0500
홈페이지	http://www.sisabooks.com
이메일	book_chinese@sisadream.com
등록일자	1988년 2월 13일
등록번호	제1 - 657호

ISBN 979-11-5720-138-9
　　　 979-11-5720-135-8(set)

신개념 패턴 학습으로 완벽한 중국어

퍼펙트

P·E·R·F·E·C·T

중국어

Workbook 3

시사중국어사

PERFECT

Workbook 3

시사중국어사

Chapter

01

他的眼睛大大的。

New Word 🎧 01-00

▶ Play Point 1

个子	gèzi	몡 키, 신장
条	tiáo	양 개, 가닥 [가늘고 긴 것을 세는 양사]
笔直	bǐzhí	혱 곧다
冰凉	bīngliáng	혱 차갑다
打扮	dǎbàn	동 꾸미다, 몸치장을 하다

▶ Play Point 2

民歌	míngē	몡 민요
口语	kǒuyǔ	몡 회화, 구어, 말하기, 입말
麻辣香锅	málàxiāngguō	몡 마라샹궈(요리명)

▶ Play Point 3

研究	yánjiū	동 연구하다
打工	dǎgōng	동 아르바이트를 하다
散心	sànxīn	동 기분 전환을 하다, 바람을 쐬다

▶ Play Point 4

顺利	shùnlì	혱 순조롭다
责任	zérèn	몡 책임
优秀	yōuxiù	혱 우수하다
选	xuǎn	동 선택하다, 고르다

▶ Dialogue

特别	tèbié	[부] 특별히, 유달리
推荐	tuījiàn	[동] 추천하다
王府井	Wángfǔjǐng	[명] 왕푸징 [지명, 중국 베이징의 한 지역 이름]
大街	dàjiē	[명] 큰길, 대로, 거리
大型	dàxíng	[형] 대형(의)
购物	gòuwù	[동] 쇼핑하다
趁	chèn	[개] (시간, 기회를) 이용하여, ~하는 김에
开业	kāiyè	[동] 개업하다
促销	cùxiāo	[동] 판촉하다 [명] 세일즈 프로모션
换季	huànjì	[동] 계절이 바뀌다
体育	tǐyù	[명] 스포츠, 체육
用品	yòngpǐn	[명] 용품
转	zhuàn	[동] 둘러보다, 돌다

Play Point 1   형용사 중첩

» 일음절 형용사 A는 'AA'와 같은 형식으로 중첩한다. 의미상 그 정도나 상태가 더 심하거나 강화됨을 나타낸다.

- 大 ➡ 大大   - 高 ➡ 高高
  크다   매우 크다   높다   매우 높다

☑ Check!

> » 중첩 형식이 술어로 사용될 때에는 문장 끝에 '的'를 붙인다.
> - 他的眼睛大大的。   그의 눈이 매우 크다.
> - 他的个子高高的。   그의 키가 아주 크다.

» 이음절 형용사 AB는 'AABB' 또는 'ABAB'와 같은 형식으로 중첩한다. 그러나 대부분의 형용사 AB 는 'AABB'로 중첩한다.

- 她打扮得漂漂亮亮的。   그녀는 매우 예쁘게 꾸몄다.

- 她玩儿得高高兴兴的。   그녀는 아주 신나게 놀았다.

» 형용사 AB가 구조상 앞의 형태소가 명사성이나 동사성이고, 뒤의 형태소가 앞 형태소의 성질이나 상태를 나타내는 성분으로 구성된 경우, 'ABAB'로 중첩한다.

- 这条路笔直笔直的。   이 길은 매우 곧다.

- 这杯水冰凉冰凉的。   이 물은 몹시 차다.

☑ Check!

> » ABAB 중첩식 형용사로는 다음과 같은 것들이 있다.
> 笔直(bǐzhí 매우 곧다), 冰凉(bīngliáng 차디차다), 雪白(xuěbái 새하얗다), 漆黑(qīhēi 칠흑 같
> (이 검)다), 金黄(jīnhuáng 황금색처럼 노랗다), 滚烫(gǔntàng 매우 뜨겁다) 등등

Play Point 2　　　　　　　　　　　　일음절 동사 중첩

» 일음절 동사 A는 'AA' 또는 'A(一)A'와 같은 형식으로 중첩한다. 의미상 짧은 동작의 반복, 시도 등을 나타낸다.

- 我想学(一)学太极拳。　나는 태극권을 좀 배워 보고 싶어.
- 我想听(一)听中国民歌。　나는 중국 민요를 좀 들어 보고 싶어.

» 이미 완료된 동작을 나타내는 경우에는 동사와 동사 사이에 동태조사 '了'를 쓴다.

- 我们在网上找了找，可是没找到。
  우리가 인터넷에서 좀 찾아봤는데, 그러나 찾지 못했어요.
- 我们在外面等了等，可是没等到。
  우리가 밖에서 좀 기다렸는데, 그러나 기다리다 말았어요.

Play Point 3　　　　　　　　　　　　이음절 동사 중첩

» 이음절 동사 AB는 'ABAB' 형식으로 중첩하며, 의미상 짧은 동작의 반복, 시도 등을 나타낸다.

- 你好好儿考虑考虑吧。　네가 잘 고민해 봐.
- 你好好儿研究研究吧。　네가 잘 연구해 봐.

» 이합사의 중첩은 동사 부분만 중첩해야 하므로 'AAB' 형식으로 중첩한다.

- 周末散散步，聊聊天。　주말에 산책도 하고 수다도 떨어요.
- 早上跑跑步，跳跳舞。　아침에 달리기도 하고 춤도 춰요.

Play Point 4 　　　　　　　 명사와 양사 중첩

» 명사 A와 양사 A도 'AA' 형식으로 중첩한다. 중첩한 명사나 양사는 담당하는 문장 성분에 따라 나타
내는 의미가 달라진다. 중첩한 명사나 양사가 주어나 상황어로 쓰일 때 '하나하나', '빠짐없이 모두'
의 의미를 나타낸다.

- 他今年事事都不顺利。　그는 올해 만사가 다 순조롭지 않다.

- 我们班同学个个都很优秀。　우리 반 학우들은 하나하나 모두 우수해요.

» 수량구 '一A'의 중첩은 '一AA' 또는 '一A一A' 형식으로 하며 '많다'는 의미를 나타낸다.

- 照片都是我一张张选出来的。　(이 많은) 사진은 모두 제가 한 장 한 장 골라낸 것이에요.

- 资料都是我一个个找出来的。　(이 많은) 자료는 모두 제가 하나하나 찾아낸 것입니다.

Dialogue 　　　　　　　 ① 부사 '就'

» 부사 '就'는 '다만', '그저', '그냥'의 의미로, '就' 뒤에 위치하는 술어를 제한한다.

- 没什么特别的事儿。就是想找你出去逛一逛。
  특별한 일은 없어. 그냥 너랑 나가서 쇼핑 좀 하고 싶어서.

- 我现在什么也不想吃，就想吃火锅。
  난 지금 아무것도 먹고 싶지 않은데, 다만 훠궈는 먹고 싶어.

Dialogue 　　　　　　　 ② 관용표현 '趁着'

» 개사 '趁'과 조사 '着'가 결합된 구로, '~한 기회를 틈타', '~인 때를 이용하여'라는 의미를 나타낸다.

- 趁着开业大促销买点儿换季的衣服。
  개점 세일하는 기회에 환절기 옷을 좀 사려고.

- 趁着今晚没事，我要去看看电影。
  오늘 저녁 일이 없는 틈을 타 나는 영화를 좀 보러 가려고 한다.

Ⓐ 这个周末还去打高尔夫吗?

(너) 이번 주말에도 골프 치러 가니?

_____

Ⓑ 这几天天天加班,忙死了。周末想好好儿休息休息。你有事儿吗?

요 며칠 매일 야근을 해서 정신없이 바빴거든. 주말엔 편안히(잘) 좀 쉬려고. (너) 무슨 일 있어?

_____

Ⓐ 没什么特别的事儿。就是想找你出去逛一逛。

특별한 일은 없어. 그냥 너랑 나가서 쇼핑 좀 하고 싶어서.

_____

Ⓑ 有什么好玩儿的地方推荐一下。

재미난 곳 있으면 추천 좀 해 봐.

_____

Ⓐ 听说王府井大街新开了家大型购物商场。

듣자 하니 왕푸징 거리에 대형 쇼핑몰이 새로 문을 열었대.

_____

我想趁着开业大促销买点儿换季的衣服。

개점 세일하는 기회에 환절기 옷을 좀 사고 싶어.

_____

Ⓑ 好啊。正好我也想去体育用品店转转。

좋아. 이참에 나도 스포츠용품점을 좀 둘러봐야겠다.

_____

1. 녹음에서 들려주는 문장을 듣고 내용과 일치하는 그림에 A, B, C, D를 적으세요. 🎧01-08

❶

(　　　　)

❷

(　　　　)

❸

(　　　　)

❹

(　　　　)

2. 녹음을 듣고 들려주는 내용과 일치하면 ✓, 일치하지 않으면 ✗를 표시하세요. 🎧01-09

❶ 他最近常常加班。　　　　　　　　(　　　)

❷ 他想买一件衣服。　　　　　　　　(　　　)

❸ 他的房间不是很干净。　　　　　　(　　　)

❹ 他在网上找到了那个韩国民歌。　　(　　　)

3. 보기에서 알맞은 단어를 골라 괄호 안에 넣으세요.(보기의 각 항목은 1회만 사용 가능!)

보기	得	可是	都	出来	正好

❶ 资料都是我一个个找（　　　　　）的。

❷ （　　　　　）我也想去体育用品店转转。

❸ 他今年事事（　　　　　）不顺利。

❹ 她打扮（　　　　　）漂漂亮亮的。

❺ 我们在外面等了等，（　　　　　）没等到。

4. 아래 단어를 알맞게 배열하여 올바른 문장으로 완성하세요.

❶ 新 / 开了 / 家 / 商店 / 王府井大街

_____

❷ 我 / 衣服 / 趁着 / 买点儿 / 大促销 / 想

_____

❸ 人人 / 都 / 有 / 责任 / 这件事

_____

❹ 去 / 吗 / 这个周末 / 还 / 打 / 高尔夫球

_____

❺ 找你 / 出去 / 想 / 转转 / 我

_____

5. 아래 예시와 같이 A-F 중에서 ❶-❺와 서로 연관되는 문장을 찾아 괄호 안에 쓰세요.

A   眼睛大大的、个子高高的。

B   是去哪儿玩儿吗?

C   你好好儿考虑考虑吧。

D   去一趟香港散散心。

E   就是想快点儿毕业找工作。

F   有什么好玩儿的地方推荐一下。

예 这个假期我要好好儿放松放松。 (D)

❶   她是我最喜欢的韩国明星。   (   )

❷   你来北京已经三年了。   (   )

❸   你打扮得漂漂亮亮的。   (   )

❹   我没什么特别的计划。   (   )

❺   这家公司的工作环境真不错。   (   )

Chapter

02

该说的(话)
一定要说。

New Word 🎧 02-00

▶ Play Point 1

(应)该	(yīng)gāi	능원 마땅히 ~해야 한다
一定	yídìng	부 반드시, 꼭
麻烦	máfan	동 (남을) 귀찮게 하다
怀疑	huáiyí	동 의심하다

▶ Play Point 2

肯	kěn	능원 기꺼이 ~하나
愿意	yuànyì	능원 ~하기를 원하다, 바라다
东京	Dōngjīng	명 도쿄, 동경 [지명, 일본의 도시 이름]

▶ Play Point 3

整理	zhěnglǐ	동 정리하다
照顾	zhàogù	동 챙겨주다, 보살피다
任务	rènwù	명 임무
少说	shǎoshuō	부 적어도
花	huā	동 쓰다, 소비하다, (시간, 비용 등이) 걸리다
通过	tōngguò	동 (시험 등을) 통과하다
博士	bóshì	명 박사

▶ Play Point 4

应该	yīnggāi	능원 마땅히 ~해야 한다
效果	xiàoguǒ	명 효과
结果	jiéguǒ	명 결과
懂得	dǒngde	동 알다
原谅	yuánliàng	동 양해하다, 용서하다

▶ Dialogue

豪华	háohuá	형 호화스럽다, 화려하고 웅장하다
气派	qìpài	형 기품이 있다, 품격이 있다
环境	huánjìng	명 환경
过瘾	guòyǐn	형 유감 없다, 매우 만족하다
见识	jiànshi	명 시견, 건□
复仇者联盟	Fùchóuzhě Liánméng	<어벤져스>(영화명)
上映	shàngyìng	동 상영하다
系列	xìliè	명 시리즈, 계열

Grammar

Play Point 1   능원동사 '(应)该'

» '(应)该'는 동사 앞에 쓰여 '반드시 ~해야 한다'는 의미로, 이치나 사실상의 필요성을 나타낸다.

구조	주어 + (应)该 + 동사서술어 (+ 빈어)。

- 我们(应)该好好儿打扮一下。   우리가 잘 좀 꾸며야 해요.
- 我们(应)该好好儿收拾一下。   우리가 잘 좀 정리해야 해요.

» 부정형식은 '(应)该' 앞에 '不'를 쓴다.
- 你不(应)该麻烦别人。   너 다른 사람을 귀찮게 하면 안 돼.
- 你不(应)该怀疑朋友。   너 친구를 의심하면 안 돼.

Play Point 2   능원동사 '肯' / '愿意'

❶ **능원동사 '肯'**: 동사 앞에 위치하여 '기꺼이'라는 의미로, 주관적인 바람을 나타낸다. 부정형식은 '肯' 앞에 '不'를 쓴다.

구조	주어 + 肯 + 동사서술어 (+ 빈어)。

- 他肯帮忙。   그는 기꺼이 도와주려고 한다.
- 我叫他走，他怎么也不肯走。
  내가 그에게 가라고 시켰지만, 그는 어떻게 해도 가려 하지 않는다.

☑ Check!

» '肯'은 단독으로 질문에 답할 수 있다.
- A: 你肯不肯来?   너 (정말) 오는 거야?
  B: 肯。   물론 (가야지).

❷ 능원동사 '愿意': 동사 앞에 쓰여 '~하기를 원하다, 바라다'의 의미로, 자신의 뜻과 일치하여 동의함을 나타낸다.

구조	주어 + 愿意 + 동사서술어 (+ 빈어)。

- 你愿意去东京出差吗?　당신은 도쿄로 출장 가기를 원하세요?
- 你愿意来首尔工作吗?　당신은 서울로 일하러 오기를 원하세요?

» 부정형식은 '愿意' 앞에 '不'를 쓴다. '愿意'는 단독으로 질문에 답할 수 있다.
- A: 你愿不愿意来接我?　너 나 데리러 올 거야?
  B: 愿意。　물론이지.
- A: 你愿不愿意来帮我?　너 나 도와주러 올 거야?
  B: 不愿意。　싫은데.

Play Point 3　　　　능원동사 '得'

» '得 děi'는 동사 앞에 쓰여 '~해야 한다'의 의미로, 의지나 이치, 사실상의 필요를 나타낸다. 구어체에 많이 사용된다.

구조	주어 + 得 + 동사서술어 (+ 빈어)。

- 你得把衣服洗干净。　당신은 옷을 깨끗하게 빨아야 해요.
- 你得把房间整理好。　당신은 방을 잘 정리해야 해요.

» '得 děi'는 또 '필요하다, 요구되다'의 의미로 사용되는데, 뒤에 수량빈어를 가진다. 이 때 동사서술어는 생략 가능하다.

구조	주어 + 得 + (동사서술어) + 수량빈어。

- 要完成任务，少说也得(花)两个月。　임무를 완성하려면 적어도 두 달 걸립니다.
- 要通过考试，少说也得(花)一两年。　시험에 통과하려면 적어도 1, 2년은 걸립니다.

Grammar

Play Point 4 — 능원동사의 연용

» 일부 능원동사는 연이어 사용할 수 있다.

구조1	주어 + 应该 + 会/能 + 동사서술어 (+ 빈어) (+ 的)。

- 过几天应该会有效果(的)。 며칠 지나면 틀림없이 효과가 있을 겁니다.
- 过几天应该能有结果。 며칠 지나면 틀림없이 결과가 나올(수 있을) 겁니다.

구조2	주어 + 得 + 会 + 동사서술어 (+ 빈어)。

- 你得会懂得照顾自己。 당신은 자신을 돌볼 줄(챙길 줄) 알아야 해요.
- 你得会懂得原谅别人。 당신은 다른 사람을 용서할 줄 알아야 해요.

구조3	주어 + 应该 + 得 (+ 동사서술어) (+ 빈어)。

- 这部电影应该得两个小时吧。 이 영화는 두 시간은 걸릴 거예요.
- 这件衣服应该得一千多块吧。 이 옷은 1천여 위안은 될 거예요.

Dialogue — 관용표현 '很长时间没…了'

» 아주 오랜 시간 동안 어떤 행동을 하지 않았다는 의미를 나타낼 때 쓰인다.

- 我已经很长时间没看电影了。 제가 영화를 안 본 지가 이미 오래 되었어요.
- 我已经很长时间没去找他了。 제가 그를 찾아가지 않은 지가 이미 오래 되었네요.

Ⓐ 这家商场新开的电影院豪华气派，环境特别好。
이 백화점에 새로 개관한 영화관이 화려하고 근사한 게, 아주 쾌적해.

_____

Ⓑ 看电影应该会很过瘾吧？　(여기서 영화를 보면) 영화 보는 게 정말 황홀할 것 같지?

_____

Ⓐ 那还用说。你也应该去见识一下。　내 말이. 너도 한번 경험해 봐.

_____

Ⓑ 我已经很长时间没看电影了。最近有什么好看的电影吗?
내가 영화를 안 본 지가 이미 오래 돼서. 요즘 무슨 재미있는 영화가 있어?

_____

Ⓐ 前两天《复仇者联盟(The Avengers)》刚上映。你可以去看看。
엊그제 〈어벤져스〉가 막 개봉했어. 너도 가서 봐 봐.

_____

Ⓑ 这部电影，应该得三个小时吧?　이 영화라면 세 시간 정도는 걸리겠지?

_____

Ⓐ 是啊。这个系列的电影，你都看过吗?　응. 이 시리즈 영화 (너는) 다 봤어?

_____

Ⓑ 看是看了，可是都忘了。我回去得把上一部再好好儿看一遍。
보기는 봤는데 다 까먹었어. 나 돌아가서 지난 편을 다시 한 번 잘 좀 봐야겠다.

_____

1. 녹음에서 들려주는 문장을 듣고 내용과 일치하는 그림에 A, B, C, D를 적으세요. 🎧 02-08

❶

(   )

❷

(   )

❸

(   )

❹

(   )

2. 녹음을 듣고 들려주는 내용과 일치하면 ✓, 일치하지 않으면 ✕를 표시하세요. 🎧 02-09

❶ 这家韩国餐厅是新开的。　　　　　　　(   )

❷ 他不愿意去东京出差。　　　　　　　　(   )

❸ 朋友不愿意去他家。　　　　　　　　　(   )

❹ 完成任务得花一两个月。　　　　　　　(   )

3. 보기에서 알맞은 단어를 골라 괄호 안에 넣으세요.(보기의 각 항목은 1회만 사용 가능!)

| 보기 | 该　　怎么　　愿意　　得　　会 |

❶ 你（　　　　）把弟弟照顾好。

❷ 你愿不（　　　　）来帮我？

❸ 这个药吃几天应该（　　　　）有效果的。

❹ （　　　　）还的钱一定要还。

❺ 我叫他走，他（　　　　）也不肯走。

4. 아래 단어를 알맞게 배열하여 올바른 문장으로 완성하세요.

❶ 应该 / 这件 / 衣服 / 得 / 一千多块

_____

❷ 懂得 / 会 / 别人 / 你 / 原谅 / 得

_____

❸ 很过瘾 / 看电影 / 会 / 在这里 / 应该

_____

❹ 很长时间 / 没看 / 爱情小说 / 了 / 我 / 已经

_____

❺ 把衣服 / 得 / 好好儿 / 整理 / 你 / 一下

_____

Exercise

5. 아래 예시와 같이 A – F 중에서 ❶ – ❺와 서로 연관되는 문장을 찾아 괄호 안에 쓰세요.

A 听说很有意思。

B 少说也得五六个月。

C 吃几天应该会有效果的。

D 能推荐一下吗?

E 少说也得两三万块钱。

F 可是都忘了。

예 最近有什么好看的电影。	(D	)

❶ 前两天《复仇者联盟》刚上映。　　　(　　)

❷ 这本小说几年前看是看了。　　　　　(　　)

❸ 要找到满意的工作。　　　　　　　　(　　)

❹ 听说这台电脑非常贵。　　　　　　　(　　)

❺ 今天去药店买了点儿感冒药。　　　　(　　)

Chapter
03
我们终于有时间了。

New Word 🎧 03-00

▶ Play Point 1

终于	zhōngyú	부 드디어, 마침내
教授	jiàoshòu	명 교수
第	dì	접두 제 [수사 앞에 쓰여 몇 번째를 나타냄]
价格	jiàgé	명 가격

▶ Play Point 2

脏	zāng	형 더럽다
旧	jiù	형 낡다, 헐다
春节	Chūnjié	명 춘절, 음력설
就	jiù	부 바로, 곧 [就要…了]
起飞	qǐfēi	동 이륙하다
火车	huǒchē	명 기차

▶ Play Point 3

会	huì	동 이해하다, 체득하다
来着	láizhe	조 ~였었다 [오래지 않은 과거에 사건이 발생했었음을 나타냄]
演员	yǎnyuán	명 배우, 연예인

▶ Play Point 4

解释	jiěshì	동 해석하다
反映	fǎnyìng	동 반영하다, 보고하다
曾经	céngjīng	부 일찍이
浪漫	làngmàn	형 낭만적이다, 로맨틱하다
得意	déyì	형 의기양양하다

▶ Dialogue

邀请	yāoqǐng	동 초청하다, 초대하다
婚礼	hūnlǐ	명 결혼식
之	zhī	조 ~의
处	chù	명 곳, 처, 장소
越	yuè	부 ~할수록 [越来越, 越…越…]
西式	xīshì	명 서양식
化	nuà	접미 ~와하나 [명사, 형용사를 동사로 바꾸는 역할을 함]
喜糖	xǐtáng	명 결혼식 때 주는 사탕
环节	huánjié	명 일환, 부분, 순서
哎哟	āiyō	감 아이고 [놀람, 괴로움, 아쉬움 등을 나타냄]
麻辣烫	málàtàng	명 마라탕(음식명)

Grammar

동태조사 ‘了’

» 동태조사 ‘了’는 상태의 변화, 새로운 상황의 출현을 나타낸다. ‘有…了’는 없던 상태에서 있던 상태로의 변화를, ‘没有…了’는 있던 상태에서 없던 상태로의 변화를 나타낸다.

구조	주어 + 有/没有 + 빈어 + 了。

- 我们终于有时间了。　우리는 결국 시간이 생겼다.
- 人家都没有意见了。　모두 다 의견이 없다.

» ‘了’는 ‘已经’과 함께 쓰여 ‘已经…了’ 구문을 만들기도 한다. ‘已经…了’는 ‘이미 ~했다’라는 의미로 동작이 완료되었음을 나타낸다.

구조	주어 + 已经 + 是/不是 + 빈어 + 了。

- 他28岁已经是教授了。　그는 28세에 이미 교수가 되었습니다.
- 他这已经不是第一次了。　그는 이번이 이미 첫 번째가 아닙니다.

» ‘了’는 ‘越来越’와 함께 쓰여 ‘갈수록 ~하게 되었다’는 의미를 나타내고, ‘不’와 함께 쓰여 ‘더 이상 ~하지 않게 되었다’는 의미를 나타낸다. 여기서 ‘了’는 변화와 진술의 어기를 나타낸다.

구조	주어 + 越来越 + 서술어 + 了, 주어 + 不 + 서술어 + 了。

- 雪越来越大了，我不去了。　눈이 갈수록 많이 와서 전 안 갈래요.
- 价格越来越高了，我不买了。　가격이 갈수록 올라서 난 안 살래요.

당위성과 추측 ‘该…了’

» ‘该…了’는 ‘마땅히 ~할 때가 되었다’는 의미로, 당위성과 이치상 응당 그러할 것이라는 추측의 의미를 나타낸다. ‘了’는 변화와 진술의 어기를 나타낸다.

- 衣服脏了，该洗了。　옷이 더러워서 빨아야겠어요.
- 衬衫旧了，该买了。　셔츠가 낡아서 사야겠어요.

» '快要…了', '就要…了'는 어떤 상황이 발생할 시간이 임박했음을 나타낸다. 다만, 앞에 시간을 나타내는 성분이 오면 '快要…了'는 쓸 수 없다.

- 春节快要到了。　곧 설날이야.

- 飞机就要起飞了。　비행기가 곧 이륙합니다.

- 下个月快要结婚了。（×）

Play Point 3　　지속과 진행 'V着V着' / '来着'

❶ **V着V着**: 동태조사 '着'는 동작의 지속과 진행을 나타낸다. '동사(V) + 着 + 동사(V) + 着'와 같이 반복 사용하여, 동사의 상태나 동작이 지속되다가 결국에는 어떠한 결과가 생겨나게 되었음을 나타낸다.

- 她说着说着就哭了。　그녀는 말을 하면서(말하다가) 울어 버렸다.

- 他看着看着就会了。　그는 보면서(보다가) 할 줄 알게 되었다.

❷ **来着**: 동태조사 '来着'는 이미 일어난 행위나 일 등을 회상하는 기분을 나타낸다. 오래지 않은 과거에 발생한 사건만 나타낼 수 있고, 문장 끝에만 위치한다.

- 他刚才还找你来着。　그가 방금 전에도 당신을 찾았어요.

- 他去年还回家来着。　그는 작년에도 집에 왔어요.

☑ Check!

» '来着'는 또 순간적으로 기억이 나지 않는 일을 묻는 경우에도 사용할 수 있다.

- 那句话怎么说来着?　그 말은 어떻게 말하는 거였지?
- 那个演员叫什么来着?　저 배우 이름이 뭐였지?

Play Point 4   동태조사 '过'

» 동태조사 '过'는 과거의 경험을 나타낸다. 그러나 '过'가 동작의 완성을 나타내는 경우도 있는데 이럴 때는 종종 부사 '已经'과 뒤에 '了'가 온다. 이는 동작이나 상태가 어떤 특정 시간 혹은 발화 시간보다 앞서서 이미 출현하였음을 나타낸다.

구조	주어 + 已经 + 서술어 (+ 过) + 了 。

- 我已经解释过了。　　저는 이미 설명했어요.
- 我已经检查过了。　　제가 이미 검사했습니다.

» 또한 과거의 경험을 나타내는 동태조사 '过'는 형용사 뒤에 위치하기도 한다. 성질, 상태의 과거의 경험을 나타내며, 현재와의 비교 의미를 내포한다. 이때 부사 '曾经'을 함께 쓰는데 '曾经'이 수식하는 동사나 형용사는 '过'를 이끈다.

구조	주어 + 曾经 + 서술어 + 过 。

- 我也曾经年轻过。　　나도 젊었던 때가 있었지.
- 我也曾经得意过。　　나도 한때 잘나갔었어.

☑ Check!

» '已经'은 동작이나 상태의 변화가 과거나 최근에 이미 실현되었고 지금까지 지속되고 있음을 나타내는 반면 '曾经'은 비교적 오래 전에 발생한 동작이나 상태가 현재까지 지속되고 있지 않음을 나타낸다.

Dialogue   관용표현 '…之处'

» 조사 '之'와 명사 '处'로 이루어진 구로, '~한 부분', '~한 것'이라는 의미이다. 조사 '之'는 조사 '的'와 같은 역할을 한다.

- 中国的婚礼有什么特别之处吗?　　중국 결혼식에 무슨 특별한 점이 있어?
- 没有什么重要之处。　　별로 중요한 것 없어.

Ⓐ 下个月我朋友就要结婚了，她邀请我参加她的婚礼。
다음 달에 내 친구가 결혼하는데, 그녀가 나를 자기(그녀의) 결혼식에 초대했어.

_____

Ⓑ 哇，一定很好玩儿。我从来没去过中国婚礼。
와, 분명 재미있을 거야. 나는 지금까지 중국 결혼식에 가 본 적이 없는데.

_____

Ⓐ 我这已经是第三次了。 난 이게 벌써 세 번째야.

_____

Ⓑ 中国的婚礼有什么特别之处吗？ 중국 결혼식에 무슨 특별한 점이 있어?

_____

Ⓐ 最近中国婚礼越来越西式化了，我最喜欢的是送喜糖这个环节。
요즘 중국 결혼식은 갈수록 서구화됐어. 내가 제일 좋아하는 건 (답례로) 결혼식 사탕을 주는 이 부분이야.

_____

Ⓑ 哎哟，说着说着就到饭点了，我们吃过饭再走吧。
아유, 얘기하다보니 벌써 밥때가 되었네, 우리 밥 먹고 가자.

_____

Ⓐ 你刚才说想吃什么来着，我们去尝尝？
네가 방금 뭐 먹고 싶다고 했었는데, 우리 가서 먹어 볼까?

_____

Ⓑ 我说我想吃麻辣烫，走吧。 내가 마라탕 먹고 싶다고 했어, (그럼) 가자.

_____

1. 녹음에서 들려주는 문장을 듣고 내용과 일치하는 그림에 A, B, C, D를 적으세요. 🎧 03-08

❶

(   )

❷

(   )

❸

(   )

❹

(   )

2. 녹음을 듣고 들려주는 내용과 일치하면 ✓, 일치하지 않으면 ✗를 표시하세요. 🎧 03-09

❶ 老师刚才没有找他。   (   )

❷ 他解释完了。   (   )

❸ 他忘了那句话怎么说。   (   )

❹ 他的身体有问题。   (   )

3. 보기에서 알맞은 단어를 골라 괄호 안에 넣으세요.(보기의 각 항목은 1회만 사용 가능!)

보기	已经	终于	意见	曾经	来着

❶ 放假了，我们（　　　　　）有时间了。

❷ 我也（　　　　　）浪漫过。

❸ 大家都没有（　　　　　）了。

❹ 他去年还回家（　　　　　）。

❺ 他这（　　　　　）不是第一次了。

4. 아래 단어를 알맞게 배열하여 올바른 문장으로 완성하세요.

❶ 曾经 / 也 / 年轻 / 我 / 过

_____

❷ 会 / 他 / 就 / 了 / 看着看着

_____

❸ 了 / 站 / 火车 / 就要 / 进

_____

❹ 有 / 吗 / 中国的婚礼 / 什么 / 特别之处

_____

❺ 越来越 / 最近 / 了 / 西式化 / 中国婚礼

_____

5. 아래 예시와 같이 A-F 중에서 ❶ - ❺와 서로 연관되는 문장을 찾아 괄호 안에 쓰세요.

A   老板也觉得他做得不对。

B   我们去尝尝?

C   我们吃过饭再走吧。

D   只是得意的时间不长。

E   谁能告诉我一下?

F   她邀请我参加她的婚礼。

예 我也曾经得意过。	(D)

❶ 我已经向老板反映过了。　　　　　(　　　)

❷ 下个月我朋友就要结婚了。　　　　(　　　)

❸ 你刚才说想吃什么来着?　　　　　(　　　)

❹ 那个演员叫什么来着?　　　　　　(　　　)

❺ 说着说着就到饭点了。　　　　　　(　　　)

Chapter

04

晚上的节目
我没有时间看。

G Grammar 학습내용

New Word 🎧 04-00

▶ Play Point 1

节目	jiémù	몡 프로그램
晚会	wǎnhuì	몡 파티
温暖	wēnnuǎn	혱 따듯하다
寒冷	hánlěng	혱 춥다, 한랭하다
少	shǎo	혱 적다

▶ Play Point 2

好处	hǎochù	몡 장점, 좋은 점
查找	cházhǎo	동 찾다
招聘	zhāopìn	동 모집하다, 초빙하다
广告	guǎnggào	몡 광고
热爱	rè'ài	동 매우 좋아하다, 열렬히 좋아하다
生活	shēnghuó	몡 삶, 생활 동 생활하다, 살다
汉字	hànzì	몡 한자
有意思	yǒuyìsi	재미있다
饼干	bǐnggān	몡 과자

▶ Play Point 3

情况	qíngkuàng	몡 경우, 상황
提高	tígāo	동 향상시키다
阅读	yuèdú	동 읽다, 독해하다
写作	xiězuò	동 글을 쓰다, 작문하다
综合	zōnghé	동 종합하다
能力	nénglì	몡 능력
提供	tígōng	동 제공하다
安全	ānquán	혱 안전하다
精彩	jīngcǎi	혱 근사하다, 뛰어나다, 훌륭하다
杭州	Hángzhōu	몡 항저우 [지명, 중국의 도시 이름]
座	zuò	양 채, 동 [건물, 산 등을 세는 양사]

美丽	měilì	형 아름답다, 보기 좋다
城市	chéngshì	명 도시
美满	měimǎn	형 보기 좋고 원만하다
家庭	jiātíng	명 가정

▶ Play Point 4

真诚	zhēnchéng	형 진실하다, 성실하다, 진심이다
欢迎	huānyíng	동 환영하다
开心	kāixīn	형 기분이 좋다, 행복하다, 즐겁다
愉快	yúkuài	형 유쾌하다, 즐겁다
圣诞节	Shèngdàn Jié	명 크리스마스, 성탄절
适应	shìyìng	동 적응하다

▶ Dialogue

平时	píngshí	명 평소, 보통 때
品	pǐn	동 품평하다, 좋고 나쁨을 판별하다
种类	zhǒnglèi	명 종류
经常	jīngcháng	부 자주
普洱茶	pǔ'ěrchá	명 푸얼차(중국 차의 한 종류)
伤	shāng	동 상하다, 다치다
胃	wèi	명 위, 위장
云南	Yúnnán	명 윈난 [지명, 중국의 성(省) 이름]
产	chǎn	동 낳다, 나다, 생산하다

G Grammar

 품사별 한정어

» 한정어는 주어나 빈어 앞에 위치하며 이들을 수식하는 문장성분이다. 단어나 구 등의 형식이 모두 올수 있다.

❶ **명사, 대사 한정어:** 명사나 대사가 한정어로 쓰이면 주로 소속관계, 시간, 장소 등을 나타낸다. 이중시간, 장소를 나타내는 한정어와 중심어 사이에는 조사 '的'를 사용한다

구조	명사, 대사 한정어 + 的 + 중심어

- 晚上的节目我没有时间看。　저녁 프로그램은 내가 볼 시간이 없어. [명사]
- 你们的晚会我没有时间去。　너희들 파티에 나는 갈 시간이 없어. [대사]

☑ Check!

» 사람이나 사물의 성질 및 소속을 나타내는 한정어에는 '的'를 사용하지 않는다.

- 那是英文书。　저것은 영어책입니다. [성질]
- 他是韩国人。　그는 한국 사람입니다. [소속]

❷ **형용사 한정어:** 일음절 형용사가 한정어로 쓰이면 조사 '的'를 사용하지 않지만, 이음절 형용사나형용사 중첩에는 반드시 '的'를 사용해야 한다.

구조	일음절 형용사 + 중심어 / 이음절 형용사/형용사 중첩 + 的 + 중심어

- 请给我一杯热水。　제게 뜨거운 물 한 잔 주세요. [일음절 형용사]
- 温暖的春天，就要到了。　따뜻한 봄이 곧 온다. [이음절 형용사]
- 红红的苹果，真好吃。　새빨간 사과가 정말 맛있다. [형용사 중첩]

❸ **동사 한정어:** 동사가 한정어로 쓰이면 한정어와 중심어 사이에 반드시 조사 '的'를 사용한다.

구조	동사 한정어 + 的 + 중심어

- 今天参观的人特别多!　오늘 참관하는 사람이 특히 많네요!
- 早上锻炼的人真不少!　아침에 단련하는 사람이 정말 적지 않네요!

Play Point 2   구 형식 한정어

❶ **동사구 한정어:** 동사구가 한정어로 쓰이면 한정어와 중심어 사이에 반드시 '的'를 사용한다.

구조	동사구 한정어 + 的 + 중심어

- 我查找招聘员工的广告。　나는 직원 채용 광고를 찾는다.
- 我喜欢热爱生活的你们。　나는 열심히 살아가는 너희들을 좋아한다.

❷ **주술구 한정어:** 주술구가 한정어로 쓰이면 한정어와 중심어 사이에 반드시 '的'를 사용한다.

구조	주술구 한정어 + 的 + 중심어

- 爷爷写的汉字特别漂亮。　할아버지께서 쓰신 한자는 특히 예쁘다.
- 妈妈烤的饼干特别好吃。　엄마가 구운 과자는 특히 맛이 있다.

Play Point 3   기타 한정어

❶ **병렬관계 한정어:** 한 문장 안에 여러 한정어가 있을 때 한정어의 나열을 병렬관계로 하는 것을 말한다. 성질이 같은 각각의 한정어가 나열되며 하나의 중심어를 수식한다.

구조	한정어 A + 和 + 한정어 B + 的 + 중심어

- 我想介绍在中国学习和生活的情况。
  나는 중국에서의 공부와 생활 상황을 소개하고 싶다.
- 我们要提高阅读和写作的综合能力。
  우리는 독해와 작문하는 종합능력을 향상시켜야 한다.

❷ **점층관계 한정어:** 여러 한정어의 나열을 점층관계로 하는 것을 말한다. 한정어 각각의 성질이 다르며 점차 발전하는 관계로, 뒤의 중심어를 수식한다.

구조	한정어 A + 한정어 B + 的 + 중심어

- 杭州是一座非常美丽的城市。　항저우는 매우 아름다운 도시이다.
- 他有一个幸福美满的家庭。　그(에게)는 행복하고 아름다운 가정이 있다.

Grammar

Play Point 4   부사어 표지 '地'

» 부사어는 술어 앞에서 술어를 수식하고 제한하는 문장성분으로, 부사어와 중심어인 술어 사이에 조사 '地'를 사용하기도 한다. 형용사의 경우, 이음절 형용사와 형용사 중첩은 보통 '地'를 사용하여 묘사 기능을 강조한다.

구조	이음절형용사 + 地 + 술어 / 형용사 중첩 + 地 + 술어

- 公司真诚地欢迎新来的员工。   회사는 새로 온 직원을 진심으로 환영한다.
- 大家晚上安安全全地回家。   모두들 저녁에 안전하게 귀가한다.

» 일음절 형용사의 경우 대개 '地'를 사용하지 않으나, 정도부사의 수식을 받는 형용사구는 '地'를 사용해 수식한다.

구조	정도부사 + 형용사 + 地 + 술어

- 他们很快地适应了新的环境。   그들은 새로운 환경에 빨리 적응했다.

☑ Check!

» 동사, 동사구, 주술구 등이 부사어 역할을 할 때 역시 조사 '地'를 사용한다.
- 我们心情愉快地生活着。   우리는 기쁘게 생활하고 있다. [주술구]

Dialogue   관용표현 '你说…'

» '你说…'는 상대방의 의견을 물을 때 사용하는 표현으로, '네가 보기에', '네가 생각하기에'라는 의미이다.

- 你说给男朋友买什么好呢？   네가 보기에 남자친구에게 무엇을 사 주면 좋을까?
- 你说这个好还是那个好？   네가 보기에 이게 좋아 아니면 저게 좋아?

Ⓐ 男朋友的生日快要到了，该买礼物了。 곧 남자친구의 생일이야. 선물 사야 하는데.

_____

Ⓑ 你要买什么样的礼物? 너 어떤 선물 사려고 하는데?

_____

Ⓐ 还不知道，你说给男朋友买什么好呢?
아직 모르겠어. 남자친구에게 어떤 선물을 사 주면 좋을까?

_____

Ⓑ 那得看他平时喜欢什么了。 그러면 그가 평소에 뭘 좋아했는지 봐야겠네.

_____

Ⓐ 他喜欢安安静静地品茶。 (그는) 조용히 차를 음미하는 것을 좋아해.

_____

Ⓑ 茶的种类很多，不知道他喜欢什么茶?
차 종류가 많은데, (그가) 무슨 차 좋아하는지 몰라?

_____

Ⓐ 我看他经常喝普洱茶，说不伤胃。
내가 보니까 (그는) 보이차를 자주 마시던데, 위가 상하지 않는대.

_____

Ⓑ 那就买一个云南产的普洱茶吧。很好喝! 그럼 윈난산 보이차 하나 사 봐. 맛이 좋아!

_____

🎧 Exercise   다음 듣기와 독해 문제를 풀어 보세요.

1. 녹음에서 들려주는 문장을 듣고 내용과 일치하는 그림에 A, B, C, D를 적으세요. 🎧 04-08

❶

(   )

❷

(   )

❸

(   )

❹

(   )

2. 녹음을 듣고 들려주는 내용과 일치하면 ✓, 일치하지 않으면 ✗를 표시하세요. 🎧 04-09

❶ 他没有时间看节目。 (   )

❷ 他不想介绍他的情况。 (   )

❸ 他去上海才一个月。 (   )

❹ 杭州是一座美丽的城市。 (   )

3. 보기에서 알맞은 단어를 골라 괄호 안에 넣으세요.(보기의 각 항목은 1회만 사용 가능!)

| 보기 | 得 | 了 | 地 | 吧 | 的 |

❶ 我们非常愉快（　　　　）过了圣诞节。

❷ 那就买一个云南产的普洱茶（　　　　）。

❸ 那（　　　　）看他平时喜欢什么了。

❹ 我们要提高阅读和写作（　　　　）综合能力。

❺ 他们很快地适应（　　　　）新的环境。

4. 아래 단어를 알맞게 배열하여 올바른 문장으로 완성하세요.

❶ 他 / 幸福美满 / 一个 / 家庭 / 有 / 的

_____

❷ 买 / 礼物 / 你 / 的 / 什么样 / 要

_____

❸ 不少 / 早上 / 人 / 的 / 真 / 锻炼

_____

❹ 安安静静 / 喜欢 / 品茶 / 他 / 地

_____

❺ 饼干 / 特别 / 妈妈 / 的 / 好吃 / 烤

_____

5. 아래 예시와 같이 A - F 중에서 ❶ - ❺와 서로 연관되는 문장을 찾아 괄호 안에 쓰세요.

A 不知道他喜欢什么茶?

B 那得看他平时喜欢什么了。

C 每个人打得都很不错。

D 晚上安安全全地回家。

E 听着听着就困了。

F 该买礼物了。

예 我们早上开开心心地上班。	(D)	

❶ 男朋友的生日快要到了。 ( )

❷ 你说给男朋友买什么好呢? ( )

❸ 茶的种类很多。 ( )

❹ 这是一场非常精彩的比赛。 ( )

❺ 他讲的故事真没有意思。 ( )

Chapter
05
他太有意思了。

New Word 🎧 05-00

▶ Play Point 1

礼貌	lǐmào	형 예의바르다
多(么)	duō(me)	부 얼마나 [감탄문에서 정도가 심함을 나타냄]
可爱	kě'ài	형 사랑스럽다, 귀엽다
孔雀	kǒngquè	명 공작(새)

▶ Play Point 2

乐坡肉	dōngpōròu	명 동파육(요리명)
皮夹克	píjiākè	명 가죽 재킷
中餐	zhōngcān	명 중국요리
厅	tīng	명 홀, 큰 방
火	huǒ	형 인기 있다, 핫하다
奶茶	nǎichá	명 밀크티(음료명)

▶ Play Point 3

迟到	chídào	동 지각하다
下午	xiàwǔ	명 오후
旷课	kuàngkè	동 수업에 빠지다
抽	chōu	동 뽑다, 피우다
烟	yān	명 담배

▶ Play Point 4

就	jiù	부 단지, ~뿐, 딱
那么	nàme	대 그렇게, 그런, 저렇게, 저런

▶ Dialogue

大半	dàbàn	수 과반, 절반 이상
习惯	xíguàn	동 습관이 되다, 익숙해지다
好	hǎo	부 매우, 아주 [형용사나 동사 앞에서 정도가 심함을 나타냄]
就	jiù	부 그냥 [강조의 어기를 나타냄]
月底	yuèdǐ	명 월말
公寓	gōngyù	명 아파트
健身房	jiànshēnfáng	명 헬스클럽

Grammar

Play Point 1　　　　　부사 '太'와 '多(么)'

❶ **부사 '太'**: 동사나 형용사 앞에서 '너무 ~하다'는 강한 정도를 나타내며 감탄의 어기를 내포한다.
보통 문장 끝에 '了'가 온다.

구조	주어 + 太 + 동사서술어/형용사서술어 + 了。

- 他太有意思了。　그 사람은 너무 재미있어.
- 他太不礼貌了。　그 사람은 너무 예의가 없어.

❷ **부사 '多(么)'**: '얼마나', '참으로'의 뜻으로 동사나 형용사 앞에서 감탄의 어기를 나타낸다. 문장
끝에 주로 '啊', '呀' 등이 온다.

구조	주어 + 多(么) + 동사서술어/형용사서술어 + 啊!

- 熊猫多(么)可爱啊!　판디기 니무 귀어워요(반나가 얼마나 귀여운지)!
- 孔雀多(么)漂亮啊!　공작새가 너무 예뻐요(공작새가 얼마나 예쁜지)!

Play Point 2　　　　　부사 '好'와 '可'

❶ **부사 '好'**: '정말', '참으로'의 뜻으로 형용사 앞에서 정도의 심함을 나타내며, 감탄의 어기를 띤다.
구어체에서 문장 끝에 주로 '啊', '呀' 등이 온다.

구조	주어 + 好 + 형용사서술어 + 啊。

- 那家东坡肉，好香啊。　그 집 동파육은 정말 맛있이요.
- 那件皮夹克，好贵啊。　저 가죽점퍼는 정말 비싸요.

❷ 부사 '可': '엄청나게', '대단히'의 뜻으로, 형용사 앞에서 정도의 심함을 강조한다. 문장 끝에 '了'가 오며, 정도를 한층 강하게 하는 역할을 한다.

구조	주어 + 可 + 형용사서술어 + 了。

- 这部电影，可好看了。　이 영화 엄청 재밌어.
- 这家奶茶，可好喝了。　이 집 밀크티 엄청 맛있어.

Play Point 3　　　　　　　　　　부사 '又'와 '再'

❶ 부사 '又': '또'의 의미로, 과거에 어떤 동작이나 상태가 반복되어 일어났을 때 사용한다. 문장 끝에 '了'가 주로 온다.

구조	주어 + 又 + 동사서술어 + 了。

- 今天早上，他又迟到了。　오늘 아침에 그는 또 지각했다.
- 昨天下午，他又旷课了。　어제 오후에 그는 또 결석했다.

❷ 부사 '再': '다시'의 의미로, 미래의 어떤 시간에 어떤 동작이 반복 혹은 계속됨을 나타낸다.

- 我回去再好好儿想想。　제가 돌아가서 더 잘 생각해 볼게요.
- 我回去再考虑考虑。　제가 돌아가서 더 고려해 볼게요.

Play Point 4　　　　　　　　　　부사 '就'와 '才'

» '就'는 '이미', '벌써'의 뜻으로, 일찍이 이미 어떤 사건이 발생하였음을 강조하며 '就' 앞에 대부분 시간사나 다른 부사가 온다. '才'는 상대적으로 일이 늦게 발생했거나 늦게 끝마쳐졌음을 강조한다.

- 爷爷五点就起床了，爸爸十点才起床。
  할아버지는 5시에 벌써 일어나셨고, 아버지는 10시가 돼서야 일어나셨다.

- 儿子八点就睡觉了，女儿十点才睡觉。
  아들은 8시에 벌써 잠들었고, 딸은 10시가 돼서야 잠들었다.

❶ 부사 '就': 주어가 가리키는 명사(구) 앞에 쓰여 주어 이외의 것은 배제함을 나타낸다.

구조	就 + 주어 + 서술어 。

- 就这件事，是我办的。 　(즉) 이 일은 제가 처리한 것입니다.
- 就这几天，天气不好。 　(딱) 요 며칠 날씨가 좋지 않습니다.

❷ 부사 '才': 확정적인 어기를 강조한다. 일반적으로 부정문에 많이 쓰이고, 긍정문에는 잘 쓰이지 않는다.

구조	주어 + 才 + 不 + 동사서술어 + 呢。

- 那么简单，他们才不玩呢。 　그렇게 쉬우면 그들은 (게임을) 안 할 걸.
- 那么难吃，她们才不吃呢。 　그렇게 맛없으면 그녀들은 안 먹을 걸.

Dialogue　　　　　　　　　　　　동사 '有'

» 여기에서 '有'는 일정 수량이나 정도에 이르렀음을 나타낸다.

- 我来上海有大半年了。 　제가 상하이에 온 지 벌써 반년이 되었습니다.
- 这些水果有五六斤。 　이 과일들은 대여섯 근 정도 됩니다.

Ⓐ 我来上海有大半年了。把自己吃胖了。怎么办啊!

내가 상하이에 온 지 반년이 넘어가는데, (잘 먹어) 살이 쪘어. 어쩜 좋아!

_____

Ⓑ 看来你已经习惯吃中国菜了。　보아하니 너 이미 중국 음식에 익숙해진 모양이네

_____

Ⓐ 中国菜实在是太好吃了。　중국 음식은 정말이지 너무 맛있어.

_____

Ⓑ 那你就先吃，然后再运动减肥。　그럼 (너는) 먼저 먹고, 그러고 나서 운동해서 살을 빼.

_____

Ⓐ 这两天工作好忙啊。哪有时间运动?　요 며칠 일이 너무 바빠. 운동할 시간이 어디 있겠어?

_____

Ⓑ 就这两天忙。等月底过了，还是可以去运动的。

(딱) 요 며칠만 바쁜 거지 월말이 되면, 그래도 운동하러 갈 수 있을 거야.

_____

Ⓐ 减肥可不简单啊。做什么运动才能减肥呢?

다이어트가 정말 만만치가 않아. 어떤 운동을 해야 살을 뺄 수 있을까?

_____

Ⓑ 你们公寓楼下不是有健身房吗? 多方便啊!

너희 아파트 아래층에 헬스장 있지 않아? 얼마나 편해!

_____

🎧 **Exercise**　다음 듣기와 독해 문제를 풀어 보세요.

1. 녹음에서 들려주는 문장을 듣고 내용과 일치하는 그림에 A, B, C, D를 적으세요. 🎧 05-08

❶

(　　　　)

❷
(　　　　)

❸
(　　　　)

❹

(　　　　)

2. 녹음을 듣고 들려주는 내용과 일치하면 ✓, 일치하지 않으면 ✗를 표시하세요. 🎧 05-09

❶ 那家东坡肉可好吃了。　　　　(　　　)

❷ 昨天早上又迟到了。　　　　(　　　)

❸ 这几天天气不是很好。　　　　(　　　)

❹ 他们不玩那种简单的游戏。　　　　(　　　)

3. 보기에서 알맞은 단어를 골라 괄호 안에 넣으세요.(보기의 각 항목은 1회만 사용 가능!)

보기	太	就	好	又	再

❶ 爷爷五点（   ）起床了，爸爸十点才起床。

❷ 天气（   ）热了，喝点儿冰咖啡吧。

❸ 昨天下午，他（   ）旷课了。

❹ 我要减肥，（   ）也不吃面包了。

❺ 这个熊猫（   ）可爱啊。

4. 아래 단어를 알맞게 배열하여 올바른 문장으로 완성하세요.

❶ 大半年 / 来 / 上海 / 有 / 了 / 我

_____

❷ 中国菜 / 好吃 / 了 / 实在 / 是 / 太

_____

❸ 忙 / 工作 / 好 / 啊 / 这 / 两天

_____

❹ 减肥 / 能 / 呢 / 做 / 什么运动 / 才

_____

❺ 的 / 这件事 / 是 / 就 / 我 / 办

_____

5. 아래 예시와 같이 A-F 중에서 ❶-❺와 서로 연관되는 문장을 찾아 괄호 안에 쓰세요.

A 今年可流行了。

B 别的都是秘书办的。

C 然后再去吃饭吧。

D 女儿十点才睡觉。

E 以后再也不乱吃了。

F 我们才不喝呢。

| 예 | 儿子八点就睡觉了。 | (D) |

❶ 我先上网订座位。 ( )

❷ 那家的咖啡太不好喝了。 ( )

❸ 就这件事是老板办的。 ( )

❹ 我都坏肚子了。 ( )

❺ 这个款式是新出的。 ( )

Chapter

06

手机找着了。

New Word 🎧06-00

▶ Play Point 1

宝宝	bǎobao	명 아기
走路	zǒulù	동 걷다
韩币	Hánbì	명 한국 돈, 한화
成	chéng	동 이루다, 완성하다 [결과보어 용법]
美元	Měiyuán	명 미국 돈, 달러
切	qiē	동 자르다, 가르다

▶ Play Point 2

不得了	bùdéliǎo	형 심하다, 야단이다, 큰일이다 [정도가 위급하거나 심함을 나타냄]
急	jí	형 급하다, 조급하다
到	dào	동 도달하다, 달성하다 [결과보어 용법]
极	jí	부 지극히, 아주, 몹시
消息	xiāoxi	명 소식, 뉴스
伤心	shāngxīn	형 슬프다, 상심하다

▶ Play Point 3

道	dào	양 가지, 개 [이름, 제목, 요리 등을 세는 양사]
川菜	Chuāncài	명 쓰촨요리, 사천요리
狼	láng	명 늑대, 이리
咬	yǎo	동 물다
鸡	jī	명 닭

▶ Play Point 4

列车	lièchē	명 열차
西安	Xī'ān	명 시안 [지명, 중국의 도시 이름]
日期	rìqī	명 날짜
定	dìng	동 정하다, 지정하다
事件	shìjiàn	명 사건, 일

发生	fāshēng	통 발생하다, 일어나다
农村	nóngcūn	명 농촌
对面	duìmiàn	명 맞은 편

▶ Dialogue

装修	zhuāngxiū	통 리모델링하다, 인테리어를 하다
常	cháng	부 늘, 항상
这里	zhèli	대 여기, 이곳
拿铁	nátiě	명 라떼(음료명)
柜子	guìzi	명 장, 수납장
摆	bǎi	통 늘어놓다
满	mǎn	형 가득하다, 그득하다
各	gè	대 각각, 갖가지

Grammar

Play Point 1   결과보어

» 결과보어는 술어 동사 뒤에서 동작의 결과를 설명하며, 동사나 형용사가 담당한다.

구조	술어 동사 + 동사/형용사

❶ 결과보어 '着': 동작의 목적을 달성했음을 나타낸다.

- 手机找着了。   휴대폰을 찾았어요.
- 宝宝睡着了。   아기가 잠들었어요.

❷ 결과보어 '会': '배워서 알다', '배워서 할 수 있다'라는 의미를 나타낸다. 빈어가 있을 경우, 빈어는 결과보어 뒤에 위치해야 한다.

- 宝宝学会走路了。   아기가 걸음마를 배웠어요.
- 宝宝学会说话了。   아기가 말하기를 배웠어요.

❸ 결과보어 '成': '동작 행위를 통해 목표하는 상태로 변화된다'는 의미를 나타낸다.

- 把韩币换成美元。   한화를 달러로 바꿔 주세요.
- 把西瓜切成两半。   수박을 반으로 잘라 주세요.

Play Point 2   정도보어

» 정도보어는 술어 동사나 형용사 뒤에서 동작의 정도를 설명하는 성분이다. '很'이나 '不得了'가 정도보어로 사용될 경우, 술어와 정도보어 사이에 '得'를 사용해야 한다. '매우', '대단히'라는 의미로 정도가 매우 강함을 나타낸다.

구조	술어 동사/형용사 + 得 + 很/不得了

- 他工作忙得很。   그는 일이 아주 바빠요.
- 他俩好得不得了。   그 둘이 사이가 무척 좋습니다.

» '极'가 정도보어로 사용될 경우에는 술어와 정도보어 사이에 '得'를 사용하지 않으며, 뒤에 '了'를 동반한다.

- 买到新手机，他高兴极了。　휴대폰을 새로 사게 되어 그는 무척 기쁘다.
- 听到坏消息，他伤心极了。　나쁜 소식을 듣게 되어 그는 너무 슬프다.

Play Point 3　　　　　　　　　　수량보어

» 수량보어는 술어 뒤에서 동작 행위가 진행된 횟수를 설명한다. '次'는 반복해서 출현하거나 반복해서 출현할 가능성이 있는 동작에, '遍'은 처음부터 끝까지의 과정을 나타낼 수 있는 동작에, '趟'은 왕복을 나타내는 동작에 쓰인다.

구조	술어 동사 + 수사 + 양사

- 这道川菜，我吃过一次。　이 쓰촨요리는 제가 한 번 먹어 봤어요.
- 这部小说，我看了两遍。　이 소설은 제가 두 차례 봤어요.

» 동작을 위한 도구나 신체 부위를 나타내는 일부 명사는 동량사로 사용할 수 있다.

- 他踢了我一脚。　그가 나를 (한 차례) 발로 찼다.
- 我看了他一眼。　내가 그를 (한 번) 눈으로 쳐다보았다.

Play Point 4　　　　　　　　　　개사구보어

» 개사 '往', '在' 등으로 구성된 개사구는 술어 뒤에 위치하여 동작의 장소, 시간 등을 나타낸다.

구조	술어 동사 + 往/在 + 장소사/시간사

- 这趟飞机飞往北京。　이 비행기는 베이징으로 간다. [장소]
- 我小时候住在农村。　나는 어렸을 때 시골에서 살았어. [장소]
- 结婚日期定在十月一号。　결혼 날짜는 10월 1일로 정했어요. [시간]
- 这个事件发生在1987年。　이 사건은 1987년에 발생했습니다. [시간]

Dialogue   강조를 나타내는 부사 '可'

» '可'는 강조를 나타내는 부사로 '그야말로', '바로'라는 의미로, 주어 뒤에 위치한다. 주로 구어에서 많이 사용한다.

- 这可是上海有名的咖啡厅啊！　여기가 바로 상하이에서 유명하다는 카페잖아!

- 他可是我们班学习最好的学生。　그가 바로 우리 반에서 공부를 제일 잘하는 학생이다.

Ⓐ 这个咖啡厅装修得太豪华了。　이 카페는 굉장히 화려하게 장식을 했네.

_____

Ⓑ 这可是上海有名的咖啡厅啊，我已经来过两次了。
여기가 바로 상하이에서 유명하다는 카페잖아, 나는 이미 두 번 와 봤지.

_____

Ⓐ 我就住在这附近，怎么一次也没来过。
나는 바로 이 근처에 사는데도 어째 한 번도 안 와 봤네.

_____

Ⓑ 那你以后可以常来。　그럼 넌 나중에 자주 와 보면 되겠다.

_____

Ⓐ 这里什么咖啡最好喝?　여기 무슨 커피가 제일 맛있어?

_____

Ⓑ 这里的拿铁好喝极了。　여기 카페라테가 정말 맛있더라.

_____

Ⓐ 你看，那个柜子里摆满了各种好看的咖啡杯。
봐봐, 저 장식장 안에 온갖 예쁜 커피 잔들이 가득 차 있어.

_____

Ⓑ 你如果喜欢，就可以买一个带走啊。　(네) 맘에 드는 거 있으면, 하나 사서 가져가.

_____

🎧 Exercise   다음 듣기와 독해 문제를 풀어 보세요.

1. 녹음에서 들려주는 문장을 듣고 내용과 일치하는 그림에 A, B, C, D를 적으세요. 🎧06-08

❶

(   )

❷

(   )

❸

(   )

❹

(   )

2. 녹음을 듣고 들려주는 내용과 일치하면 ✓, 일치하지 않으면 ✕를 표시하세요. 🎧06-09

❶ 这部小说他看了两遍。   (   )

❷ 他已经结婚了。   (   )

❸ 这趟飞机飞往西安。   (   )

❹ 老师刚才没坐在他对面。   (   )

3. 보기에서 알맞은 단어를 골라 괄호 안에 넣으세요.(보기의 각 항목은 1회만 사용 가능!)

| 보기 | 会 | 不得了 | 极了 | 一脚 | 着 |

❶ 他看着看着就睡（　　　　）了。

❷ 我家宝宝终于学（　　　　）说话了。

❸ 孩子发烧，妈妈急得（　　　　）。

❹ 听到坏消息，他伤心（　　　　）。

❺ 我跟他开玩笑，他踢了我（　　　　）。

4. 아래 단어를 알맞게 배열하여 올바른 문장으로 완성하세요.

❶ 把西瓜 / 我要 / 两半 / 切 / 成

_____

❷ 身体 / 他 / 好 / 很 / 得

_____

❸ 咬 / 狼 / 鸡 / 了 / 一口

_____

❹ 装修 / 得 / 豪华了 / 这个 / 咖啡厅 / 太

_____

❺ 可 / 有名的 / 咖啡厅 / 这 / 是 / 上海

_____

5. 아래 예시와 같이 A-F 중에서 ❶-❺와 서로 연관되는 문장을 찾아 괄호 안에 쓰세요.

A   我只吃过一次。

B   他高兴极了。

C   我怎么一次也没来过。

D   后来搬到城市。

E   如果你喜欢，可以买一个带走啊。

F   这里的西瓜汁好喝极了。

예	这道川菜你吃过几次？	(A)

❶   他终于买到他想买的手机了。   (　　　)

❷   这里什么饮料最好喝？   (　　　)

❸   柜子里有各种好看的咖啡杯。   (　　　)

❹   这个有名的咖啡厅在你家附近。   (　　　)

❺   我小时候住在农村。   (　　　)

Chapter
07

大家全到齐了。

New Word 🎧 07-00

▶ Play Point 1

全	quán	부 모두, 전부
齐	qí	형 완비하다, 갖추다 [결과보어의 용법으로 쓰임]
客人	kèrén	명 손님
短信	duǎnxìn	명 문자 메시지
都	dōu	부 ~조차도 [一…都…]
声	shēng	양 번, 마디 [발성 횟수를 나타내는 양사]

▶ Play Point 2

帐户	zhànghù	명 계좌, 구좌
只	zhǐ	부 단지, 다만
剩	shèng	동 남다
下	xià	동 방향동사
希望	xīwàng	동 희망하다, 바라다
挂	guà	동 미해결 상태로 남겨두다 [挂科]
科	kē	명 과목, 과정
光	guāng	부 다만, 오직
馒头	mántou	명 (소가 없는) 찐빵
大衣	dàyī	명 외투, 오버코트

▶ Play Point 3

广东	Guǎngdōng	명 광둥 [지명, 중국의 성 이름]
蒸	zhēng	동 찌다
钥匙	yàoshi	명 열쇠, 키

▶ Play Point 4

还	hái	부 아직, 여전히
伙食	huǒshí	명 식사
周	zhōu	형 주도면밀하다
包涵	bāohán	동 양해하다, 용서하다

▶ Dialogue

辞职	cízhí	동 일을 그만두다, 사직하다
跳	tiào	동 도약하다, 이동하다
信	xìn	명 서류, 서신
递	dì	동 건네주다
自己	zìjǐ	명 자신
当	dāng	동 담당하다, 맡다
发财	fā cái	동 돈을 벌다
赚钱	zhuàn qián	동 돈을 벌다
吉言	jíyán	명 상서로운 말, 재수 좋은 말
关照	guānzhào	동 관심을 가지고 돌보다

Grammar

Play Point 1　　　　　　　　범위부사 '全'과 '都'

» 범위부사 '全'과 '都'는 둘 다 '모두'라는 의미로, 전체를 총괄함을 나타낸다.

구조	주어 + 全/都 + 서술어 。

- 大家全到齐了。　모두 다 왔습니다.
- 大家都到齐了。　모두 다 왔습니다.

☑ Check!

» 범위부사 '全'은 앞에 불특정한 대상이 올 수 없지만, '都'는 이러한 제약을 받지 않는다.

- 我们邀请的客人都来了。　우리가 초대한 손님이 모두 오셨다.
- 我们邀请的客人全来了。　우리가 초대한 손님이 모두 오셨다.

- 他什么都知道。　그는 뭐든지 안다.
  他什么全知道。（×）

» '都'는 강조어기를 나타내기도 한다. '一'와 함께 쓰여 '심지어'라는 의미로 자주 사용되며, '都' 뒤에는 부정사가 온다.

- 一条短信都没有。　문자 한 통도 없다.
- 一声谢谢都没有。　고맙다는 말 한마디도 없다.

Play Point 2　　　　　　　　범위부사 '只'와 '光'

● **범위부사 '只'**: '단지', '오직'의 의미로, 범위나 수량을 제한한다. 일반적으로 서술어 앞에 위치한다.

- 这个帐户，只剩下一百块钱。　이 계좌에는 100위안이 남아 있을 뿐이다.
- 这次考试，只希望不要挂科。　이번 시험은 낙제하지 않기만을 바랄 뿐이야.

❷ **범위부사 '光':** '오직 ~만'의 의미로, 범위나 수량을 제한한다.

- 光馒头，就吃了十个。　찐빵만 10개를 먹었어요.

- 光咖啡，就喝了五杯。　커피만 5잔 마셨네.

☑ Check!

» '只'와 '光' 모두 동작과 관련된 사물과 사물의 수량, 그리고 동작 자체 및 동작의 가능성을 제한한다.
　'光'은 제약이 없으나, '只'는 명사를 제한할 수 없다.

Play Point 3　　　　　　　　　　　　　빈도부사 '也'

» 빈도부사 '也'는 '~도 역시', '또한'의 의미로 동사나 형용사를 수식한다. 병렬된 두 상황이 같음을
나타내는데, 단독으로 사용하기도 하고 앞절과 뒷절에 연달아 사용하기도 한다. 주어 뒤에 위치한다.

구조	주어 + 也 + (능원동사) + 서술어 + (빈어) 。
	주어 + 也 + 서술어，주어 + 也 + 서술어 。

- 他不同意，我也不同意。　그가 동의하지 않으면 나도 동의하지 않는다.

- 我会打高尔夫，也会打乒乓球。　나는 골프도 칠 줄 알고, 탁구도 칠 줄 안다.

- 炒菜也弄好了，馒头也蒸好了。　볶음 요리도 다 됐고, 찐빵도 다 쪄졌어요.

Play Point 4　　　　　　　　　　　　　빈도부사 '还'

» 빈도부사 '还'는 '아직', '여전히'의 의미로 동사나 형용사를 수식한다. 동작의 중복, 상황의 지속, 사
태의 증가, 확대 등을 나타낸다.

- 别急，还有时间。　서두르지 마, 아직 시간이 있어.

- 别哭，还有机会。　울지 마, 아직 기회가 있어.

Grammar

» '还'는 또 '그런대로', '그럼에도 불구하고'와 같은 어기를 나타낸다.

- 他还习惯这里的生活吗?　그는 이곳의 생활에 (그런대로) 좀 익숙해졌나요?

- 照顾不周，还请多多原谅。　부족한 부분이 있더라도 (그런대로) 좀 양해해 주십시오.

Dialogue　　　　　　　　　① 부사 '就'

» 부사 '就'는 앞절의 조건, 가정을 그대로 수용함을 나타낸다.

- 说不干就不干。　안 한다고 하면 안 해요.

- 说不买就不买。　안 산다고 하면 안 사요.

Dialogue　　　　　　　　　② 관용어구 '借你吉言'

» '借你吉言'은 '좋은 말씀 감사합니다', '응원 감사합니다' 등과 같은 의미로, 다른 사람에게서 응원과 지지 등의 축원을 받았을 때 답변처럼 쓰이는 관용어구이다.

- 借你吉言。以后还请你多多关照。　좋은 말씀 감사합니다. 앞으로도 잘 부탁드려요.

- 借你吉言，我一定努力!　응원 고마워, (내가) 꼭 열심히 해 볼게!

Ⓐ 好久不见，你们部门最近工作忙吧？　오랜만이야, 너희 부서 요즘 일이 바쁘지?

_____

Ⓑ 你还不知道啊! 我要辞职了。　(너) 아직 모르는구나! 나 회사 그만둘 거야.

_____

Ⓐ 你要辞职？你要跳到哪家公司？　(네가) 회사를 그만둔다고? (너) 어디로 이직하려고?

_____

Ⓑ 我辞职信都递上去了。辞职以后，打算自己干。
(난) 사표도 이미 냈어. 회사 그만두고 내 일(내 사업)을 해 보려고.

_____

Ⓐ 动作这么快! 果然是90后，说不干就不干。
동작도 빠르네! 역시 90년대 생이야, 안 한다고 하면 바로 안 하거든.

_____

Ⓑ 现在大家都想自己当老板。其实我也准备好长时间了。
요즘 다들 자기가 사장이 되고 싶어 하지. 사실 나도 오랫동안 준비했거든.

_____

Ⓐ 那就祝你发大财、赚大钱。　그럼 (네가) 대박 나고 돈 많이 벌길 빌게.

_____

Ⓑ 借你吉言。以后还请你多多关照。　응원 고마워, 앞으로도 잘 부탁해.

_____

🎧 **Exercise** 다음 듣기와 독해 문제를 풀어 보세요.

1. 녹음에서 들려주는 문장을 듣고 내용과 일치하는 그림에 A, B, C, D를 적으세요. 🎧07-08

❶

(   )

❷

(   )

❸

(   )

❹

(   )

2. 두 사람의 대화를 잘 듣고 질문에 알맞은 답을 골라 빈칸에 쓰세요. 🎧07-09

❶ (   )

 A 发了短信   B 没发短信

 C 手机丢了   D 手机坏了

❷ (   )

 A 只会上海话   B 会上海话和广东话

 C 只会广东话   D 不会上海话

❸ (   )

 A 不习惯   B 不太辣

 C 很习惯   D 比韩国好吃

3. 보기에서 알맞은 단어를 골라 괄호 안에 넣으세요.(보기의 각 항목은 1회만 사용 가능!)

보기	只	光	满	都	也

❶ 客人全坐（　　　）了，可以开始了。

❷ 别人帮你，你怎么一声谢谢（　　　）没有？

❸ 这个账户（　　　）剩下一百块钱。

❹ （　　　）大衣，就花了八百。

❺ 他不愿意，我（　　　）不愿意。

4. 아래 단어를 알맞게 배열하여 올바른 문장으로 완성하세요.

❶ 只 / 不要 / 希望 / 这次考试 / 挂科

_____

❷ 要 / 你 / 哪家 / 跳 / 公司 / 到

_____

❸ 照顾 / 还请 / 不周 / 原谅 / 多多

_____

❹ 辞职信 / 递 / 都 / 上去 / 了

_____

❺ 还 / 习惯 / 你 / 生活 / 这里的 / 吗

_____

5. 아래 문장을 읽고, 다음 질문에 알맞은 답을 고르세요.

1

> 他今天去百货商店买衣服，花了很多钱，光大衣就花了八百，帐户里只剩下一百块了。

★ 根据这段话，可以知道（　　　　）。

  A　他只有一百块钱   B　帐户只有八百块

  C　他只买了大衣   D　大衣花了八百块

2

> 现在的90后找工作的时候，不只是希望有"高工资"，更重视公司的工作环境。曾经面试过一位90后毕业生，他在面试的时候，问了我一些问题：每周放假几天，有没有下午茶时间(Tea time)，有没有公司旅游。他非常重视工作质量和生活质量。还有很多90后喜欢自己当老板，赚不到很多钱，也要自己干。

★ 根据这段话，我们知道90后（　　　　）。

  A　想法和我们一样   B　重视生活质量

  C　不喜欢当老板   D　只喜欢高工资

★ 这段话主要介绍的是90后（　　　　）。

  A　对工作的想法   B　对旅游的想法

  C　对环境的想法   D　对家庭的想法

▎ 단어 ▎

1 根据 gēnjù 근거하다

2 质量 zhìliàng 품질, 질적인 내용 | 想法 xiǎngfǎ 생각

Chapter

08

他下楼来了。

New Word 🎧 08-00

▶ Play Point 1

楼顶	lóudǐng	명 옥상

▶ Play Point 2

上	shàng	동 방향동사
交	jiāo	동 사귀다, 교제하다
网友	wǎngyǒu	명 인터넷에서 사귄 친구, 인터넷 동호인, 네티즌
起来	qǐlái	동 방향동사
下去	xiàqù	동 방향동사
聊	liáo	동 한담하다, 수다 떨다

▶ Play Point 3

进步	jìnbù	명 진보, 발전
得	de	조 가능보어를 만드는 구조조사로 가능을 나타냄
声音	shēngyīn	명 소리, 음성
不	bu	부 술어와 보어 사이에서 불가능을 나타냄
着	zháo	동 ~하게 되다 [동사 뒤에서 동작의 결과나 목적이 달성되었음을 나타냄]
谜语	míyǔ	명 수수께끼
猜	cāi	동 추측하다

▶ Play Point 4

之前	zhīqián	명 ~의 전, ~의 앞 [시간, 장소를 나타내는 말 앞에 쓰임]
可能	kěnéng	능원 ~일 것이다 [추측을 나타냄]
抬	tái	동 들어 올리다, 쳐들다
爬	pá	동 기어오르다
上去	shàngqù	동 방향동사

▶ Dialogue

游戏	yóuxì	몡 게임
一直	yìzhí	뷔 줄곧
只不过	zhǐbúguò	다만 ~에 불과하다, 단지 ~에 지나지 않다
过来	guòlái	동 방향동사

Grammar

Play Point 1　　　　　　**방향보어와 빈어의 위치**

» 방향보어는 서술어 뒤에 위치하여 동작의 방향을 보충 설명해 주는 보어이다.

> 방향보어: 단순 방향보어(上, 下, 进, 出, 回, 过, 起, 来, 去)
> 　　　　　복합 방향보어(上, 下, 进, 出, 回, 过, 起 + 来/去의 결합형태)
>
> (* 단, 起去라는 표현은 없다.)

❶ 단순 방향보어와 빈어의 위치

구조	동사 + 빈어 + **来/去**

- 장소 빈어일 경우: 下楼来(아래층으로 내려오다), 回家去(집으로 돌아가다)

- 사물 빈어일 경우: 拿吃的来(먹을 것을 가져오다), 带喝的去(마실 것을 가져가다)

❷ 복합 방향보어와 빈어의 위치

구조	동사 + 방향동사 + 빈어 + **来/去**

- 走进教室来(교실로 걸어 들어오다), 跑上楼顶去(옥상으로 뛰어 올라가다)

Play Point 2　　　　　　**방향보어의 추상 의미**

» 방향동사는 동사, 형용사 뒤에 와서 방향의 의미가 아닌 추상적인 의미를 나타내는 경우가 있다.

구조	동사/형용사 + 방향동사

❶ 上: 동작이나 상태가 시작되어 앞으로도 계속 되어간다는 의미

- 最近爱上了上网。　최근에 인터넷 하는 것을 좋아하게 되었다.
- 最近交上了网友。　최근에 인터넷 친구를 사귀게 되었다.

❷ **起来**: 어떤 새로운 동작이나 상황이 시작된다는 의미

- 她说着说着就哭起来了。 그녀는 말하다가 울기 시작했다.
- 她听着听着就唱起来了。 그녀는 노래를 듣다가 부르기 시작했다.

❸ **下去**: 이미 시작했던 동작이 지속된다는 의미

- 太累了，不能再弄下去了。 너무 피곤해, 더 이상 못하겠다.
- 太晚了，不能再聊下去了。 너무 늦었네, 더 이상 얘기 못하겠다.

Play Point 3　　　　　결과보어가 가능보어로 오는 경우

» 가능보어는 진행되는 동작이나 동작의 실현 가능성을 보충 설명하는 보어이다. 가능보어로 오는 형식에는 결과보어와 방향보어가 있으며, 자주 사용하는 결과보어는 아래와 같다.

구조	동사 + 得/不 + 결과보어

❶ **见**: 시각, 청각, 후각적 인지 가능성

- 你的进步，大家看得见。 너의 발전을 모두가 볼 수 있어(너의 발전이 모두에게 보여).
- 你的声音，我们听不见。 너의 목소리를 우리가 들을 수 없어(우리에게 들리지 않아).

❷ **完**: 동작 완성의 가능성

- 这些饭菜，两个人肯定吃得完。 이 요리들은 두 사람이 충분히 다 먹을 수 있습니다.
- 这些东西，一个人肯定收拾不完。 이 물건들을 혼자서는 절대 다 정리할 수 없습니다.

❸ **着**: 동작 목적의 달성 가능성

- 这些东西，你们都用得着。 이 물건들은 너희가 다 쓸 수 있어(쓸 데가 있어).
- 这个谜语，我们都猜不着。 이 수수께끼는 우리가 다 알아맞힐 수 없어.

Play Point 4 　방향보어가 가능보어로 오는 경우

» 가능보어로 오는 형식에는 방향보어가 있으며, 자주 사용하는 방향보어는 아래와 같다.

구조	동사＋得/不＋방향보어

❶ 来: 화자 쪽으로 다가올 가능성

- 他天黑之前可能回得来。　그는 날이 어두워지기 전에 아마 돌아올 수 있을 것이다.

❷ 起来: 동작이 위로 향할 가능성

- 东西不重，我抬得起来。　물건이 무겁지 않아 나는 들(어올릴) 수 있다.
- 肚子太疼，我站不起来。　배가 너무 아파서 나는 일어설 수 없다.

❸ 进去: 외부에서 내부로 이동 가능성

- 你这么瘦，一定能穿得进去。　네가 이렇게 말랐으니, 틀림없이 맞을 거야.

❹ 上去: 낮은 곳에서 높은 곳으로 이동 가능성

- 山那么高，肯定爬不上去。　산이 저렇게 높으니, 절대 올라갈 수 없어.

Dialogue　관용표현 '只不过'

» '只不过'는 '다만 ~뿐이나', '다만 ~에 불과하다'의 뜻으로, '只'와 '不过'의 결합 형태로 같이 쓰여 '不过'의 뜻을 보다 강하게 표현한 형태이다. 역접의 뜻을 나타내며 앞절의 상황에 대한 제한, 수정을 나타낸다.

- 一直都喜欢，只不过平时工作太忙，玩儿不了游戏。
  줄곧 좋아했어. 다만 평소에 일이 너무 바빠서 게임을 하지 못했을 뿐이야.
- 这本词典很好，只不过贵了一点儿。　이 사전은 아주 좋아. 다만 좀 비쌀 뿐이지.

Ⓐ 我拿吃的来了，快来吃啊。　내가 먹을 것을 가지고 왔어, 어서 와서 먹어.

_____

Ⓑ 等我一会儿，我在跟朋友玩儿游戏呢。
잠깐만 (나를) 기다려 줘, 나 친구랑 게임 중이야.

_____

Ⓐ 你是什么时候爱上网游的?　(너) 언제부터 인터넷 게임을 좋아하게 된 거야?

_____

Ⓑ 一直都喜欢，只不过平时工作太忙，玩儿不了游戏。
줄곧 좋아했어, 다만 평소에 일이 너무 바빠서 게임을 하지 못했을 뿐이야.

_____

Ⓐ 快来啊，菜凉了就不好吃了。　어서 와, 음식이 식으면 맛이 없어.

_____

Ⓑ 你买这么多菜，咱们吃得完吗?
(네가) 이렇게 음식을 많이 사(와)서 우리가 다 먹을 수 있을까?

_____

Ⓐ 那给小李打电话，让他过来一起吃?
그러면 샤오리한테 전화해서 와서 함께 먹자고 할까?

_____

Ⓑ 他今天要加班，过不来。还是咱俩多吃点儿吧。
샤오리는 오늘 야근해서 (건너)올 수 없어. 그냥 우리 둘이 좀 많이 먹자.

_____

🎧 **Exercise** 다음 듣기와 독해 문제를 풀어 보세요.

1. 녹음에서 들려주는 문장을 듣고 내용과 일치하는 그림에 A, B, C, D를 적으세요. 🎧 08-08

①
(   )

②
(   )

③
(   )

④
(   )

2. 두 사람의 대화를 잘 듣고 질문에 알맞은 답을 골라 빈칸에 쓰세요. 🎧 08-09

❶ (   )

　A 玩儿游戏　　　　　　　B 收拾东西

　C 等人　　　　　　　　　D 帮人

❷ (   )

　A 下班　　　　　　　　　B 吃饭

　C 加班　　　　　　　　　D 回家

❸ (   )

　A 做瑜伽　　　　　　　　B 教男的

　C 下班　　　　　　　　　D 教瑜伽

3. 보기에서 알맞은 단어를 골라 괄호 안에 넣으세요.(보기의 각 항목은 1회만 사용 가능!)

| 보기 | 起来 | 上 | 下去 | 见 | 着 |

❶ 你的进步，大家看得（　　　　）。

❷ 最近爱（　　　　）了卜网。

❸ 太晚了，不能再聊（　　　　）了。

❹ 这个谜语，我们都猜不（　　　　）。

❺ 肚子太疼，我站不（　　　　）。

4. 아래 단어를 알맞게 배열하여 올바른 문장으로 완성하세요.

❶ 走进 / 来 / 老师 / 教室 / 了

_____

❷ 了 / 我 / 拿 / 来 / 吃的

_____

❸ 回 / 去 / 家 / 他 / 了

_____

❹ 网游的 / 什么时候 / 你 / 爱上 / 是

_____

❺ 过来 / 让 / 一起 / 他 / 吃

_____

5. 아래 문장을 읽고, 다음 질문에 알맞은 답을 고르세요.

1

> 春天来了，天气开始慢慢地暖和起来了，春雨开始下起来了。树变绿了，花儿也开了，大雁也从南方飞回来了。

★ 根据这段话，下列哪项不是春天的特点？ （　　　）

    A 天气暖和   B 下春雨

    C 花儿开了   D 树变黄了

2

> 在网上买东西，我们叫它"网上购物"，简称"网购"。最近，很多年轻人都爱上了网购。那为什么现在的年轻人喜欢在网上买东西呢？它最大的好处就是给人们带来了方便，不用去商店也可以买到自己想买的东西。还有价格比商店便宜很多，节省了去买东西的时间，也可以说是网购的好处。

★ 根据这段话，"它"是什么？ （　　　）

    A 年轻人   B 买东西

    C 网购   D 商店

★ 根据这段话，网上购物最大的好处是什么？ （　　　）

    A 价格便宜   B 购物方便

    C 节省时间   D 年轻人喜欢

| 단어 |

1 大雁 dàyàn 기러기 | 特点 tèdiǎn 특징

2 简称 jiǎnchēng 약칭(하다) | 节省 jiéshěng 절약하다

Chapter

09

这个孩子
既可爱又活泼。

New Word 🎧 09-00

▶ Play Point 1

既	jì	접 ~일 뿐만 아니라 ~까지
活泼	huópō	형 활발하다
整齐	zhěngqí	형 가지런하다, 정연하다
时尚	shíshàng	형 트렌디하다, 세련되다
上学	shàngxué	동 학교에 가다, 등교하다

▶ Play Point 2

不仅	bùjǐn	접 ~뿐만 아니라
而且	érqiě	접 게다가, 또한
网球	wǎngqiú	명 테니스
写字楼	xiězìlóu	명 오피스텔, 사무실 건물
羽绒服	yǔróngfú	명 다운 재킷, 패딩
豆腐	dòufu	명 두부
蔬菜	shūcài	명 채소
容易	róngyì	형 쉽다, ~하기 쉽다
消化	xiāohuà	동 소화하다
所有	suǒyǒu	형 모든, 일체의

▶ Play Point 3

只有	zhǐyǒu	접 ~해야만
解决	jiějué	동 해결하다
保护	bǎohù	동 보호하다
自然	zìrán	명 자연
人类	rénlèi	명 인간, 인류
继续	jìxù	동 계속하다, 지속하다
发展	fāzhǎn	동 발전하다
满足	mǎnzú	동 만족하다
合作	hézuò	동 협력하다, 합작하다

▶ Play Point 4

虽	suī	접 비록 ~일지라도
可	kě	접 그러나 [虽然…可…]
酒量	jiǔliàng	명 주량
社团	shètuán	명 동아리
尊重	zūnzhòng	동 존중하다
前景	qiánjǐng	명 전망

▶ Dialogue

加入	jiārù	동 가입하다, 참가하다
书法	shūfǎ	명 서예
丰富	fēngfù	형 풍부하다
题词	tící	동 (기념 등을 위한) 간단한 글을 쓰다

Grammar

Play Point 1   병렬복문 '既 A 又 B'

의미	A하기도 하고 B하기도 하다.

» 병렬복문으로 앞절과 뒷절의 관계가 대등하게 연결된다. 하나의 주체가 동시에 갖고 있는 상황이나 성질을 나타내며, 구조나 음절수가 같은 동사나 형용사를 연결한다.

他的房间既整齐又干净。　　그의 방은 진돈되어 있고 깨끗하다.

- 既要上班，又要照顾孩子。　출근도 해야 하고 아이도 돌봐야 한다.

Play Point 2   점층복문 '不仅 A，而且 B'

의미	A일 뿐만 아니라 B이기도 하다.

» 점층관계의 복문으로 앞절에 하나의 상황을 제시하고 뒷절은 수량, 정도, 범위 등이 한 단계 더 진전됨을 나타낸다. 앞뒷절의 주어가 동일하면 주어는 '不仅' 앞에 위치한다.

- 他不仅会说汉语，而且会说英语。
  그는 중국어를 할 줄 알 뿐만 아니라 영어도 할 줄 안다.

- 她不仅会打网球，而且会打篮球。
  그녀는 테니스뿐만 아니라 농구도 할 줄 안다.

» 앞뒷절의 주어가 다르면 주어는 '不仅' 뒤에 위치한다.

- 不仅我会说汉语，而且我妹妹也会说汉语。
  내가 중국어를 할 줄 알 뿐만 아니라 내 여동생도 할 줄 안다,

- 不仅她会打网球，而且她妈妈也会打网球。
  그녀뿐만 아니라 그녀의 어머니도 테니스를 칠 줄 안다.

Play Point 3　　　　　조건복문 '只有 A 才 B'

의미	오로지 A해야만 비로소 B하다. [유일조건문]

» 조건복문으로 앞절에서 유일한 조건을 제시하고 이 조건이 충족되어야만 뒷절의 결과가 발생함을
나타낸다. A에는 명사, 명사구, 동사구, 주술구 등 자유로운 형식이 조건으로 제시될 수 있다.

- 只有这家店才能尝到这道菜。
  이 가게에서만 이 음식을 맛볼 수 있다. [명사구]

- 只有每天认真学习，才能通过考试。
  매일 열심히 공부해야만 시험에 통과할 수 있다. [동사구]

Play Point 4　　전환복문 '虽说/虽然 A , 可(是)/但(是)/不过 B'

의미	비록 A하지만 그러나 B하다.

» 전환복문으로 앞절에 어떤 사실이나 상황을 제시하고 뒷절에 상반되는 상황을 서술한다. '虽说'와
'虽然'은 같은 의미로 주로 구어체에서 사용된다.

- 虽说酒量很大，可你还得慢慢喝。
  비록 주량이 세다 하더라도 너는 천천히 마셔야 한다.

- 虽然学习非常忙，但我还是参加社团了。
  비록 공부가 굉장히 바쁘지만 그래도 나는 동아리에 가입했다.

- 虽然他是个孩子，不过你要尊重他的意见。
  비록 그는 아이지만, 그래도 당신은 그의 의견을 존중해야 해요.

☑ Check!

» 서면어에서는 '虽'가 주어 뒤에 위치하고 일음절 동사나 형용사가 뒤따른다.
- 天气虽冷，但家里却很暖和。　날씨는 춥지만 집안은 오히려 매우 따뜻하다.

Dialogue
동사 '等…'

» '等'은 '~할 때까지 기다리다'라는 의미로 문장 맨 앞에 쓰이며 시간이나 조건을 나타낸다.

- 等你学成了，给我题个词吧。　네가 다 배우면 나한테 글귀 좀 써 줘.

- 等他来了，开始上课吧。　그가 오면 수업을 시작합시다.

Ⓐ 听说你加入了员工社团，是吗？　듣자 하니 너 직원 동아리에 가입했다던데, 그래?

_____

Ⓑ 是的，我加入了书法社团。　응, 나 서예 동아리에 가입했어.

_____

书法不仅很有意思，而且还丰富了我的生活。
서예는 재미있을 뿐만 아니라 내 생활도 다채롭게 해 줘.

_____

Ⓐ 不错。既可以练书法，又可以学汉字。　좋네. 서예도 연습하고 한자도 배우고.

_____

Ⓑ 我也是那么想的。其实我在韩国的时候就挺喜欢书法的。
나도 그렇게 생각해. 사실 한국에 있을 때 서예를 정말 좋아했어.

_____

Ⓐ 你们韩国也有人学书法吗？　너희 한국에도 서예 배우는 사람이 있니?

_____

Ⓑ 虽说有，但不是很多。　있기는 한데 많지 않아.

_____

Ⓐ 等你学成了，给我题个词吧。　네가 다 배우면 나한테 글귀 좀 써 줘.

_____

Ⓑ 好啊，我多练练吧。　좋아. 내가 많이 연습해 볼게.

_____

1. 녹음에서 들려주는 문장을 듣고 내용과 일치하는 그림에 A, B, C, D를 적으세요. ∩ 09-08

❶

(   )

❷
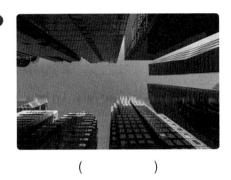
(   )

❸

(   )

❹
(   )

2. 두 사람의 대화를 잘 듣고 질문에 알맞은 답을 골라 빈칸에 쓰세요. ∩ 09-09

❶ (   )

    A 不好吃   B 不便宜

    C 既好吃又便宜   D 好吃但很贵

❷ (   )

    A 只有这家   B 咖啡店

    C 别的店也卖   D 奶茶店

❸ (   )

    A 妹妹没去学校   B 妹妹身体不舒服

    C 妹妹没去运动会   D 妹妹身体很好

3. 보기에서 알맞은 단어를 골라 괄호 안에 넣으세요.(보기의 각 항목은 1회만 사용 가능!)

| 보기 | 可 | 等 | 既 | 而且 | 只有 |

❶ （　　　　　）要上班，又要照顾孩子。

❷ 她不仅会打网球，（　　　　　）会打篮球。

❸ （　　　　　）每天认真学习，才能通过考试。

❹ 虽说事情不大，（　　　　　）还得好好儿办。

❺ （　　　　　）你学成了，给我题个词吧。

4. 아래 단어를 알맞게 배열하여 올바른 문장으로 완성하세요.

❶ 既 / 漂亮 / 她的衣服 / 又 / 时尚

_____

❷ 你 / 得 / 考虑 / 前景 / 它的

_____

❸ 这家店 / 才 / 能 / 这道菜 / 只有 / 尝到

_____

❹ 你 / 听说 / 加入了 / 员工 / 社团

_____

❺ 书法 / 的 / 喜欢 / 我 / 挺

_____

5. 아래 문장을 읽고, 다음 질문에 알맞은 답을 고르세요.

1

> 小明很喜欢学习，而且学习很好。他不仅会说汉语，还会说英语。虽说学习非常忙，但他还是参加社团了。

★ 根据这段话，可以知道小明（　　　）。

　A 不喜欢学习　　　　　　B 只会说英语

　C 不喜欢社团　　　　　　D 学习非常忙

2

> 我很喜欢书法，书法很有意思。书法不仅是中国的文化，也是世界的文化。书法既可以锻炼身体，也可以锻炼耐心。每个人的书法都不一样，书法需要练习，只有每天练习，才能写得更好。虽说我现在写得不好，但是我会一直练习，一定会越写越好的。

★ 根据这段话，可以知道书法（　　　）。

　A 不可以锻炼身体　　　　B 没有意思

　C 是世界的文化　　　　　D 只是中国的文化

★ 根据这段话，可以知道我（　　　）。

　A 现在写得不好　　　　　B 每天练习书法

　C 写得很好　　　　　　　D 不喜欢书法

❙ 단어 ❙

2 文化 wénhuà 문화 | 世界 shìjiè 세계 | 耐心 nàixīn 참을성

Chapter

10

对于考试时间，
我们应该合理安排。

New Word 🎧 10-00

▶ Play Point 1

对于	duìyú	개 ~에 대해서
合理	hélǐ	형 합리적이다
及时	jíshí	형 시기적절하다
表扬	biǎoyáng	동 칭찬하다
关于	guānyú	개 ~에 대하여
同	tóng	형 같다
看法	kànfǎ	명 견해, 생각
交通	jiāotōng	명 교통
国外	guówài	명 국외
想法	xiǎngfǎ	명 생각, 의견

▶ Play Point 2

为	wèi	개 ~을(를) 위해서
实现	shíxiàn	동 실현되다, 실현하다
理想	lǐxiǎng	명 이상, 꿈
而	ér	접 그래서, 그리고
政府	zhèngfǔ	명 정부
经济	jīngjì	명 경제
为了	wèile	개 ~을(를) 하기 위해서 [목적을 나타냄]
宣传	xuānchuán	동 홍보하다
产品	chǎnpǐn	명 제품
顾客	gùkè	명 고객
规定	guīdìng	명 규정

▶ Play Point 3

朝	cháo	[개] 향하다 [동작의 방향을 나타냄/ 朝着…]
方向	fāngxiàng	[명] 방향
出口	chūkǒu	[명] 출구
相反	xiāngfǎn	[형] 반대되다, 상반되다
沿	yán	[개] ~을 따라서, ~에 근거하여 [沿着…]
街	jiē	[명] 거리
河边儿	hébiānr	[명] 강가
海边儿	hǎibiānr	[명] 해변

▶ Play Point 4

缓解	huǎnjiě	[동] 완화시키다, 풀어지게 하다
压力	yālì	[명] 스트레스
增长	zēngzhǎng	[동] 늘다, 증가하다
听力	tīnglì	[명] 듣기 (능력)
经过	jīngguò	[동] 통하다, 거치다, 지나다
调整	tiáozhěng	[동] 조정하다
文章	wénzhāng	[명] 글, 문장
删减	shānjiǎn	[동] 줄이다, 삭감하다

▶ Dialogue

秘诀	mìjué	[명] 비결
主要	zhǔyào	[형] 주로, 주요하다
怪不得	guàibude	[부] 어쩐지
报	bào	[동] 등록하다, 신청하다
好不	hǎobù	[부] 매우, 아주, 대단히 [이음절형용사 앞에서 정도가 심함을 나타냄, 감탄의 어기를 가짐]

Grammar

개사는 빈어와 함께 개사구를 만들며, 주로 장소, 시간, 원인, 대상 등을 나타내는 역할을 한다.

Play Point 1   대상과 범위를 끌어내는 개사

❶ **对于**: '~에 대하여', '~에 대해'의 뜻으로, 사람, 사물, 행위 사이의 대응하는 관계를 표시한다. '**对于**' 바로 뒤의 명사는 주어가 언급한 일이나 사물을 가리키며 동작을 취하는 대상이 된다.

- 对于考试时间，我们应该合理安排。   시험 시간에 대해 우리는 합리적으로 관리해야 한다.
- 对于这个问题，我们应该认真考虑。   이 문제에 대해 우리는 진지하게 고민해야 한다.

❷ **关于**: '~에 관하여'의 뜻으로, 관계된 사람이나 사물을 나타내며 관련된 범위를 강조하며 관계된 사물을 소개한다. '**关于**'는 명사, 동사, 구 등을 앞에서 이끌어 내며 부사어로 쓰일 경우 반드시 주어 앞에 위치한다.

- 关于这部电影，人们有不同的看法。   이 영화에 대해 사람들은 서로 생각이 다르다.
- 关于交通安全，人们有不同的意见。   교통안전에 대해 사람들은 서로 의견이 다르다.

Play Point 2   목적과 원인을 끌어내는 개사

❶ **为**: '~을 위해'의 뜻으로, 행위, 동작이 서비스하는 대상을 끌어낸다. 목적을 나타낼 때 접속사 '**而**' 등과 자주 함께 사용된다.

- 他们为实现理想而努力。   그들은 꿈을 실현하기 위해 노력한다.
- 大家为完成任务而努力。   모두 임무를 완성하기 위해 노력한다.

❷ **为了**: '~을 위하여'의 뜻으로, 목적이나 원인을 나타내며 주로 주어 앞에 위치한다.

- 为了准备这次晚会，他们做了很多工作。
  이 파티를 준비하기 위해 그들은 많은 일을 했다.
- 为了宣传这些产品，公司做了很多广告。
  이 제품들을 홍보하기 위해 회사는 광고를 많이 했다.

Play Point 3   방향과 장소를 끌어내는 개사

❶ 朝着: '~로/을 향하여'의 뜻으로, 동작의 방향을 나타낸다.

- 他们正朝着车站方向走去。   그들은 정류장 방향으로 걸어가고 있다.
- 他们正朝着出口方向跑去。   그들은 출구 방향으로 달려가고 있다.

❷ 沿着: '~을 따라(끼고)'의 뜻으로, 동작이 경과하는 노선을 소개하고 아울러 경과 시 따르는 방향을 나타낸다.

- 你沿着这条街往前走。   당신은 이 거리를 따라 앞으로 가세요.
- 你沿着河边儿往北走。   당신은 강가를 따라 북쪽으로 가세요.

Play Point 4   수단, 과정을 끌어내는 개사

❶ 通过: '~을 통해'의 뜻으로, 매개나 수단을 통해 나타나는 목적이나 결과를 이끈다.

- 我通过运动来缓解压力。   나는 운동을 통해 스트레스를 해소한다.
- 我通过旅行来增长见识。   나는 여행을 통해 견문을 넓힌다.

❷ 经过: '~을 통해'의 뜻으로, 과정을 통해 나타나는 결과나 변화를 이끈다.

- 屋子经过打扫，干净了很多。   방은 청소를 통해(청소했더니) 많이 깨끗해졌다.
- 工作经过调整，轻松了很多。   일은 조정을 통해(조정했더니) 많이 수월해졌다.

Dialogue ① 부사 '怪不得'

» '어쩐지'의 뜻으로, 어떤 일이 발생한 원인을 알고 그 결과를 강조할 때 사용한다.

- A: 我主要通过跟朋友聊天来练习口语。

나는 주로 친구랑 이야기하는 것을 통해 말하기를 연습해.

B: 怪不得你的口语说得越来越好。

어쩐지 너의 말하기 실력이 갈수록 좋아진다 했어.

- 这次考试她没考好，怪不得这两天不大高兴呢。

이번 시험을 그녀가 잘 보지 못해서, 어쩐지 요 며칠 기분이 별로 좋지 않더라고.

Dialogue ② 관용어구 '好不容易'

» '겨우, 가까스로, 간신히'의 뜻으로, 자주 부사 '才'와 결합하여 사용된다. 어렵게 완성된 일이나 식혀뒤 염원을 나타내는 데 사용한다.

- 这是经过多次打听好不容易才找到的。

이건 여러 번 알아보고 나서 어렵게 찾은 거야.

- 我给他打了几次电话，好不容易才找到他。

내가 그에게 여러 번 전화를 해서 가까스로 그를 찾아냈어.

Ⓐ 你最近汉语进步很大，有什么秘诀吗?
너 요즘 중국어가 많이 늘었네. 무슨 비결이 있는 거야?

_____

Ⓑ 我主要通过跟朋友聊天来练习口语。　나는 주로 친구랑 이야기하는 것으로 말하기를 연습해.

_____

Ⓐ 怪不得你的口语说得越来越好。　어쩐지 너의 말하기 실력이 갈수록 좋아진다 했어.

_____

Ⓑ 为了提高汉语写作，我还报了一个补习班。
중국어 작문 실력을 향상시키기 위해 나는 학원도 하나 등록했어.

_____

Ⓐ 那个补习班怎么样?　그 학원은 어때?

_____

Ⓑ 我觉得不错。这是经过多次打听好不容易才找到的。
괜찮은 것 같아. 이것도 여러 차례 수소문해서 겨우 찾은 곳이야.

_____

🎧 Exercise 다음 듣기와 독해 문제를 풀어 보세요.

1. 녹음에서 들려주는 문장을 듣고 내용과 일치하는 그림에 A, B, C, D를 적으세요. 🎧 10-08

❶

(   )

❷

(   )

❸

(   )

❹
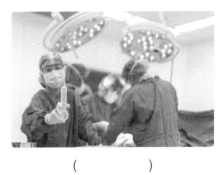
(   )

2. 두 사람의 대화를 잘 듣고 질문에 알맞은 답을 골라 빈칸에 쓰세요. 🎧 10-09

❶ (   )

   A 很好看　　　　　　　B 卖得很好

   C 卖得不好　　　　　　D 卖得一般

❷ (   )

   A 继续干　　　　　　　B 想辞职

   C 找工作　　　　　　　D 继续调整

❸ (   )

   A 很远　　　　　　　　B 很近

   C 不太远　　　　　　　D 不太近

3. 보기에서 알맞은 단어를 골라 괄호 안에 넣으세요.(보기의 각 항목은 1회만 사용 가능!)

| 보기 | 朝着 | 怪不得 | 关于 | 经过 | 为了 |

❶ （　　　　　）满足顾客要求，公司做了很多规定。

❷ （　　　　　）国外情况，人们有不同的想法。

❸ 飞机正（　　　　　）相反方向飞去。

❹ 这是（　　　　　）多次打听好不容易才找到的。

❺ （　　　　　）你的口语说得越来越好。

4. 아래 단어를 알맞게 배열하여 올바른 문장으로 완성하세요.

❶ 而 / 理想 / 实现 / 他们 / 努力 / 为

_____

❷ 跑去 / 正 / 他们 / 朝着 / 出口方向

_____

❸ 旅行 / 见识 / 我 / 增长 / 通过 / 来

_____

❹ 河边儿 / 走 / 沿着 / 我 / 往西

_____

❺ 删减 / 简单了 / 文章 / 很多 / 经过

_____

5. 아래 문장을 읽고, 다음 질문에 알맞은 답을 고르세요.

1

> 为了提高汉语口语和写作能力，我最近报了一个补习班。这个补习班是经过多次打听好不容易才找到的。

★ 补习班找到了吗?　　　　　　　　　　(　　　)

   A　很好找　　　　　　　　　B　找到了

   C　还没找到　　　　　　　　D　不打算找

2

> 最近年轻人学习累、考试难、工作不好找，所以压力越来越大。那他们是怎么去缓解压力的呢？根据调查发现，人们主要是通过旅行、运动、听音乐，还有看一些喜剧片来缓解压力。

★ 年轻人为什么压力大?　　　　　　　(　　　)

   A　学习不好　　　　　　　　B　考试不简单

   C　工作好找　　　　　　　　D　没有压力

★ 年轻人怎么去缓解压力?　　　　　　(　　　)

   A　通过旅行和运动　　　　　B　通过喝茶

   C　通过看动作片　　　　　　D　通过散步

Chapter

11

你把鞋刷(一)刷。

New Word 🎧 11-00

▶ Play Point 1

改	gǎi	동 고치다, 바꾸다, 수정하다

▶ Play Point 2

气	qì	동 화나다
坏	huài	형 나쁘다, 상하다
疯	fēng	동 미치다, 정신이 나가다

▶ Play Point 3

动	dòng	동 사용하다, 건드리다
出卖	chūmài	동 팔다, 팔아먹다, 배반하다
利用	lìyòng	동 이용하다, 사용하다

▶ Play Point 4

感动	gǎndòng	형 감동하다
洗脑	xǐnǎo	동 세뇌하다
死	sǐ	형 ~해 죽겠다 [정도가 극에 달했음을 나타냄]
烦	fán	형 성가시다, 귀찮다, 짜증나다
吓	xià	동 놀라다

▶ Dialogue

储物柜	chǔwùguì	명 보관대, 보관함

Grammar

Play Point 1   '把'자문 ❶

» '把'자문에서 개사 '把'는 빈어 앞에 위치하여 뒤에 오는 서술어의 대상을 이끌어 낸다. '把'자문의 서술어는 동사 단독으로 쓰일 수 없고, 반드시 기타성분이 이어서 와야 한다. 기타성분은 중첩, 수량 보어 등의 형식을 취할 수 있다.

구조	주어 + 把 + 빈어 + 동사 + 기타성분 [중첩/수량보어] 。

- 你把鞋刷(一)刷。　당신은 신발을 좀 닦으세요.
- 你去把垃圾扔一下。　당신이 가서 쓰레기를 좀 버리세요.

Play Point 2   '把'자문 ❷

» '把'자문은 기타성분으로 결과보어를 취할 수 있으며, 동사 뒤에 직접적인 대상이 올 수도 있다. 이때는 특정한 사람 혹은 사물의 상태가 동작의 영향을 받아 변화가 발생함을 강조한다.

구조	주어 + 把 + 빈어 + 동사 + 기타성분 [결과보어/특정 대상] 。

- 我把教授气坏了。　내가 교수님을 화나게 했다.
- 他把密码告诉我了。　그가 나에게 비밀번호를 알려 주었다.

» 부정형식은 '把' 앞에 '没(有)'를 쓴다.

- 我没(有)把密码告诉他。　나는 그에게 비밀번호를 알려 주지 않았다.
- 我没(有)把帐户告诉他。　나는 그에게 계좌번호를 알려 주지 않았다.

Play Point 3   '被'자문 ❶

» '被'자문에서 주어는 행위의 주체가 아니라 행위의 대상으로, 특정한 사람 혹은 사물이다. 동사 뒤에는 행위의 결과를 나타내는 기타성분이 반드시 있어야 하며, 주로 주어에게 행해진 결과를 나타낸다.

구조	주어 + 被 + 빈어 + 동사 + 기타성분 。

- 我的电脑被人用过。   내 컴퓨터를 다른 사람이 사용한 적 있다.
- 他被人出卖过。   그는 다른 사람에게 배신 당한 직이 있다.

» 부정형식은 '被' 앞에 '没(有)'를 쓴다.
- 我从来没(有)被人出卖过。   나는 여태껏 다른 사람에게 배신 당한 적이 없다.
- 我从来没(有)被人利用过。   나는 여태껏 다른 사람에게 이용 당한 적이 없다.

Play Point 4   '被'자문 ❷

» '被'자문에서는 동사 뒤에 기타성분으로 완성이나 결과를 나타내는 보어가 올 수 있다.

구조	주어 + 被 + 빈어 + 동사 + 기타성분[보어] 。

- 我们都被你急死了。   우리는 모두 당신 때문에 급해 죽겠어요.
- 我们都被你气坏了。   우리는 모두 당신 때문에 너무 화나요.

Dialogue   관용어구 '应该是…'

» '틀림없이 ~일 것이다'라는 의미의 관용어구로, 어떤 상황에 대한 짐작이나 추측을 나타낸다.
- 我最后一次用手机，应该是今天早上。
  제가 마지막으로 휴대폰을 사용한 것이 틀림없이 오늘 아침일 거예요.
- 他昨天出发的，今天应该是到了。   그가 어제 출발했으니 오늘 틀림없이 도착할 거예요.

Ⓐ 我把手机弄丢了。　나 휴대폰을 잃어버렸어.

Ⓑ 不会吧? 你好好儿找找。　그럴 리가? (네가) 잘 좀 찾아봐.

Ⓐ 我都找了好几遍，真是把我急死了。　내가 여러 번 찾아봤어. 정말 급해 죽겠네.

Ⓑ 你先别急。你最后一次用手机是什么时候?
우선 조급해하지 말고. 네가 마지막으로 휴대폰을 사용한 때가 언제야?

Ⓐ 应该是今天早上。我上班的时候还听音乐了呢。
아마도 오늘 아침일 거야. 내가 출근할 때 음악도 들었거든.

Ⓑ 那你去储物柜找找吧。　그럼 사물함에 가서 좀 찾아봐.

Ⓐ 手机被我找到了。我在洗手间找到的。
휴대폰 (내가) 찾았어. (내가) 화장실에서 찾았어.

Ⓑ 我都被你吓死了。　너 때문에 정말 깜짝 놀랐잖아.

🎧 Exercise 다음 듣기와 독해 문제를 풀어 보세요.

1. 녹음에서 들려주는 문장을 듣고 내용과 일치하는 그림에 A, B, C, D를 적으세요. 🎧 11-08

❶
(   )

❷
(   )

❸
(   )

❹
(   )

2. 두 사람의 대화를 잘 듣고 질문에 알맞은 답을 골라 빈칸에 쓰세요. 🎧 11-09

❶ (   )

    A 书包   B 手机

    C 钱包   D 衣服

❷ (   )

    A 去年   B 今年

    C 明年   D 前年

❸ (   )

    A 手表   B 信用卡

    C 钥匙   D 钱包

3. 보기에서 알맞은 단어를 골라 괄호 안에 넣으세요.(보기의 각 항목은 1회만 사용 가능!)

보기	把　　没　　还　　过　　都

❶ 我的东西好像被人动（　　　　）。

❷ 我从来（　　　　）被人出卖过。

❸ 我们（　　　　）被你烦死了。

❹ 你去（　　　　）垃圾扔一下。

❺ 我上班的时候（　　　　）听音乐了呢。

4. 아래 단어를 알맞게 배열하여 올바른 문장으로 완성하세요.

❶ 我 / 手机 / 把 / 弄 / 丢了

_____

❷ 把 / 真是 / 急 / 死了 / 我

_____

❸ 吧 / 那 / 你 / 去 / 储物柜 / 找找

_____

❹ 衣服 / 你 / 去 / 把 / 洗 / 一下

_____

❺ 我 / 帐户 / 没有 / 把 / 告诉 / 他

_____

5. 아래 문장을 읽고, 다음 질문에 알맞은 답을 고르세요.

1

今天下班的路上，我把手机弄丢了。坐地铁的时候还听过音乐、打过电话，怎么就丢了呢。真是把我急死了。

★ 手机可能是在哪儿丢的？　　　　　　　　（　　　　）

   A 地铁　　　　　　　　　　　B 公交车

   C 出租车　　　　　　　　　　D 不清楚

2

今年冬天流行感冒很严重，我们应该做好个人卫生。早上起来以后，房间要换换气。出门回来以后，第一件事情就是洗手，一定要把手好好儿洗一洗。不仅是个人卫生很重要，提高免疫力也很重要。只有身体好，才能更好地工作。为了家人、为了自己，健康才是第一。

★ 根据这段话，我们应该做好什么？　　　　（　　　　）

   A 洗衣服　　　　　　　　　　B 个人卫生

   C 厨房换气　　　　　　　　　D 个人工作

★ 根据这段话，什么最重要？　　　　　　　（　　　　）

   A 健康　　　　　　　　　　　B 卫生

   C 免疫力　　　　　　　　　　D 工作

| 단어 |
2 个人 gèrén 개인 | 气 qì 공기(空气 kōngqì) | 免疫力 miǎnyìlì 면역력

Chapter

12

因为他睡懒觉了，
所以上学迟到了。

New Word 🎧12-00

▶ Play Point 1

因为	yīnwèi	접 ~때문에
生病	shēngbìng	동 병이 나다
叔叔	shūshu	명 아저씨
心情	xīnqíng	명 마음
阿姨	āyí	명 이모, 아주머니
脸色	liǎnsè	명 안색

▶ Play Point 2

既然	jìrán	접 기왕에, 이왕 이렇게 된 바에야
决定	juédìng	동 결정하다
相处	xiāngchǔ	동 함께 지내다, 함께 살다
分手	fēnshǒu	동 헤어지다
待遇	dàiyù	명 대우
班长	bānzhǎng	명 반장
只好	zhǐhǎo	부 할 수 없이, 하는 수 없이
计划	jìhuà	명 계획

▶ Play Point 3

即使	jíshǐ	접 설령 ~라 하더라도
答应	dāying	동 승낙하다
按时	ànshí	부 제 시간에, 제때에
成功	chénggōng	동 성공하다
后悔	hòuhuǐ	동 후회하다

▶ Play Point 4

就	jiù	부 (~하기만 하면, ~하면) 바로 [一…就…]
像	xiàng	부 마치 ~인(할) 것 같다
变	biàn	동 변하다
提起	tíqǐ	동 말을 꺼내다, 언급하다
烤鸭	kǎoyā	명 카오야, 오리구이(요리명)
四川	Sìchuān	명 쓰촨 [지명, 중국의 성 이름]
熊猫	xióngmāo	명 판다(동물명)

▶ Dialogue

实在	shízài	부 사실상, 기실
耐烦	nàifán	형 짜증내지 않다, 귀찮아하지 않다
千万	qiānwàn	부 절대로
总	zǒng	부 줄곧, 언제나
无聊	wúliáo	형 지루하다

Grammar

Play Point 1   인과복문 '因为 A，所以 B'

의미	A 때문에 B하다.

» 인과복문으로 앞절에서 원인을 나타내면 뒷절에서 결과나 결론을 나타낸다.

- 因为他睡懒觉了，所以上学迟到了。　　그는 늦잠을 자서 학교에 지각했다

- 因为他太浪漫了，所以我很喜欢他。　　그가 너무 로맨틱해서 나는 그를 좋아한다.

» 앞뒷절 주어가 같으면 주어는 문장 맨 앞에 위치해도 된다.

- 叔叔因为丢了手机，所以心情不太好。
  아저씨가 휴대폰을 잃어버려서 기분이 별로 좋지 않다.

- 阿姨因为得了感冒，所以脸色不太好。
  이모가 감기에 걸려서 안색이 별로 좋지 않다.

Play Point 2   조건복문 '既然 A，就 B'

의미	어차피 A하니 B하다.

» 조건복문으로 앞절에는 이미 발생한 사실적인 원인을 나타내고 뒷절에서는 앞절 원인으로 내리는 판단과 행위를 나타낸다. 뒷절에서 '就' 앞에 항상 '那'가 동반된다.

- 既然你已经决定了，那就这样吧。
  어차피 당신이 이미 결정했으니, 그럼 그냥 이렇게 합시다.

- 既然不能好好儿相处，那就分手吧。
  어차피 서로 잘 지낼 수 없으니, 그럼 그냥 헤어지자.

» 뒷절 주어는 '就' 앞에 위치해야 한다.

- 既然你们说不好看，那我就不买了。
  어차피 너희들이 예쁘지 않다고 하니, 그럼 나는 안 사겠어.

- 既然他有不同想法，我就只好修改计划了。
  어차피 그가 생각이 다르니, 내가 계획을 수정할 수밖에 없습니다.

Play Point 3　　　　　　　　양보복문 '即使 A，也 B'

의미	설령 A일지라도 B일 것이다.

» 양보복문으로 앞절에서는 가상한 상황을 나타내며 뒷절에서는 예상한 결과를 설명한다.

- 即使爸爸不答应，我也要去。　설령 아버지가 허락하지 않더라도 나는 갈 거야.

- 即使没时间，你也要按时运动。　설령 시간이 없더라도, (너) 제때 운동해야 한다.

» A의 주어는 '即使' 앞에 나타날 수도 있다.

- 这件事情即使不会成功，我也不后悔。
  설령 이 일이 성공하지 못한다 해도 나는 후회하지 않는다.

- 这个计划即使不能实现，我也不后悔。
  설령 이 계획이 실현되지 못한다 해도 나는 후회하지 않는다.

Play Point 4　　　　　　　　긴축복문 '一 A 就 B'

의미	A하자마자 B하다. / A이면 B이다.

» 긴축복문으로 앞절에서 원인이나 조건 등을 나타내며 뒷절에서는 결과를 나타낸다.

- 宿舍一到十点就关门。　기숙사는 10시가 되면 바로 문을 닫는다.

- 他一回到家就像变了个人。　그는 집에 도착하기만 하면 바로 딴사람이 된다.

» 주어는 문장의 뒷절에 위치할 수도 있다.

- 一提起北京，我就会想到烤鸭。
  베이징 얘기만 나오면, (나는) 바로 카오야가 생각날 거야.

- 一说起四川，我就会想到熊猫。
  쓰촨 얘기만 하면, (나는) 바로 판다가 떠오를 거야.

Dialogue   부사 '多…'

» 부사 '多 …'는 '얼마나 ~'라는 의미로 동사나 형용사 앞에 쓰이며, 상태나 상황의 정도가 매우 심함을 나타낸다. 주로 감탄문에서 사용한다.

- 这孩子多喜欢运动啊！　이 아이가 운동을 얼마나 좋아하는지!(정말 좋아하네!)

你总在家品首，多无聊啊！　넌 늘 집에만 있으니, 얼마나 심심하겠나!

Ⓐ 你这次不和我一起去旅行吗? 너 이번에 나랑 같이 여행 안 갈 거야?

_____

为什么一提到旅行, 你就不耐烦呢?
왜 여행 얘기만 꺼내면 (너는) 짜증을 내?

_____

Ⓑ 是啊。我实在是没兴趣。 응, 내가 사실 흥미가 없어서 그래.

_____

因为我只想在家休息, 所以你还是自己去吧。
나는 그저 집에서 쉬고 싶어, 그러니 그냥 너 혼자 가.

_____

Ⓐ 既然你这次不想去, 那我就改时间吧。
어차피 네가 이번에 가고 싶어 하지 않으니, 그럼 내가 시간을 바꿀게.

_____

Ⓑ 千万别改, 即使改了时间, 我也不会去的。
절대 그러지 마. 시간을 바꾼다 하더라도 나는 안 갈 거니까.

_____

Ⓐ 你总在家呆着, 多无聊啊! 넌 늘 집에만 있으니, 얼마나 심심하냐!

_____

Ⓑ 一个人在家看看书、听听音乐, 挺好的。
혼자서 집에서 책도 좀 보고 음악도 좀 듣고, 정말 좋거든.

_____

🎧 Exercise 다음 듣기와 독해 문제를 풀어 보세요.

1. 녹음에서 들려주는 문장을 듣고 내용과 일치하는 그림에 A, B, C, D를 적으세요. 🎧 12-08

❶

(   )

❷

(   )

❸
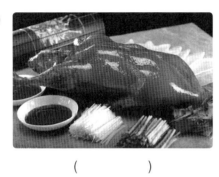
(   )

❹

(   )

2. 두 사람의 대화를 잘 듣고 질문에 알맞은 답을 골라 빈칸에 쓰세요. 🎧 12-09

❶ (   )

 A 觉得公司远   B 想去那家公司

 C 觉得工资低   D 觉得工资高

❶ (   )

 A 明天天气很好   B 想去旅游

 C 不去旅游   D 自己去旅游

❸ (   )

 A 学校不安静   B 学校人太多

 C 学校不漂亮   D 学校放假没人

120 퍼펙트 중국어 3 Workbook

3. 보기에서 알맞은 단어를 골라 괄호 안에 넣으세요.(보기의 각 항목은 1회만 사용 가능!)

보기	即使	既然	所以	也	说起

❶ 因为天气太冷了，（　　　　　）他不想出门。

❷ （　　　　　）你已经决定了，那就这样吧。

❸ 这件事情（　　　　　）不会成功，我也不会后悔。

❹ 一（　　　　　）四川，我就会想到熊猫。

❺ 即使改了时间，我（　　　　　）不会去的。

4. 아래 단어를 알맞게 배열하여 올바른 문장으로 완성하세요.

❶ 对 / 我 / 是 / 看书 / 实在 / 没兴趣

_____

❷ 他这次 / 和我 / 不 / 一起 / 去旅行

_____

❸ 一 / 宿舍 / 十点 / 到 / 就 / 关门

_____

❹ 他 / 就像 / 个人 / 回到家 / 变了 / 一

_____

❺ 在家 / 你 / 总 / 呆着 / 多 / 无聊

_____

Exercise

5. 아래 문장을 읽고, 다음 질문에 알맞은 답을 고르세요.

1

> 现在越来越多的人喜欢一个人吃饭、一个人逛街、一个人看电影、一个人旅行。即使一个人，也要好好儿生活。

★ 根据这段话，可以知道现在的人（　　　）。

　　A　不喜欢自己吃饭　　　　　　B　喜欢和朋友逛街

　　C　喜欢一个人生活　　　　　　D　不喜欢一个人旅行

2

> 如果觉得生活压力太大了，你会做些什么？有的人累了，喜欢和朋友去吃饭；有的人累了，喜欢安静地在家休息；有的人累了，喜欢和家人一起去旅游。和朋友吃饭，可以让自己的心情变好；安静地在家休息，可以让身体更好地恢复；和家人去旅游，可以让自己缓解工作的压力。

★ 根据这段话，人们累了，不会去做什么？　　（　　　）

　　A　看书　　　　　　　　　　　B　在家休息

　　C　旅游　　　　　　　　　　　D　和朋友吃饭

★ 这段话告诉我们（　　　）。

　　A　不要和家人去旅游　　　　　B　应该每天在家休息

　　C　不要和朋友去喝酒　　　　　D　每个人缓解压力方式不同

| 단어 |

2 有的 yǒude 어떤 것, 어떤 사람 | 恢复 huīfù 회복하다 | 方式 fāngshì 방식, 방법

Main Book

Skill Up 정답

Workbook

Exercise 정답

녹음 Script

Chapter
01

Skill Up

● **Play Point 01**

1. ❷ 鞋白白的。

   ❸ 眼睛大大的。

   ❹ 苹果红红的。

2. ❶ 笔直笔直　　❷ 冰凉冰凉

   ❸ 漂漂亮亮　　❹ 干干净净

   ❺ 高高兴兴　　❻ 认认真真

● **Play Point 02**

1. ❷ 我想学(一)学太极拳。

   ❸ 我想练(一)练汉语口语。

   ❹ 我想玩儿(一)玩儿电脑游戏。

2. ❶ C　　❷ C　　❸ B

● **Play Point 03**

1. ❷ 洗洗澡，睡睡觉。

   ❸ 聊聊天，散散步。

   ❹ 打打工，散散心。

2. ❶ 考虑考虑　　❷ 收拾收拾

   ❸ 学习学习　　❹ 参观参观

   ❺ 研究研究　　❻ 休息休息

● **Play Point 04**

1. ❶ 大门的事情件件都很重要。

   ❸ 这些照片张张都很好看。

   ❹ 这家的菜个个都很好吃。

2. ❶ D　　❷ C　　❸ A　　❹ B

Exercise　　　　　　　　　　　12P

1. 녹음

   A 周末早上去公园散散步、跳跳舞。

   B 这杯水冰凉冰凉的。

   C 我要多尝尝麻辣香锅。

   D 这些资料都是我一个个找出来的。

   정답 ❶ B　❷ C　❸ D　❹ A

2. 녹음

   ❶ 我这几天天天加班，周末想好好儿休息休息。

   ❷ 这家体育用品店是新开的，趁着开业大促销买一双球鞋吧。

   ❸ 你的房间真乱，好好儿收拾收拾吧。

   ❹ 你说的那个韩国民歌，我在网上找了找，可是没找到。

   정답 ❶ ✓　❷ ✕　❸ ✓　❹ ✕

3. ❶ 出来　　　❷ 正好

   ❸ 都　　　　❹ 得

   ❺ 可是

4. ❶ 王府井大街新开了家商店。

   ❷ 我想趁着大促销买点儿衣服。/
   趁着大促销我想买点儿衣服。

   ❸ 这件事人人都有责任。

   ❹ 这个周末还去打高尔夫球吗？

   ❺ 我想找你出去转转。

5. ❶ A　❷ F　❸ B　❹ E　❺ C

Chapter
02

Skill Up

● **Play Point 01**

1. ❷ 该说的(话)一定要说。

   ❸ 该做的(事)一定要做。

   ❹ 该帮的(人)一定要帮。

2. ❶ A   ❷ B   ❸ A

● **Play Point 02**

1. ❷ 你愿不愿意来帮我?

   ❸ 你愿不愿意去出差?

   ❹ 你愿不愿意去送我?

2. ❶ A   ❷ D   ❸ C

● **Play Point 03**

1. ❷ 你得把头发洗干净。

   ❸ 你得把房间整理好。

   ❹ 你得把自己照顾好。

2. ❶ ✓   ❷ ✕   ❸ ✕

● **Play Point 04**

1. ❷ 过几天应该会有时间。

   ❸ 过几天应该会有结果。

   ❹ 过几天应该会有答案。

2. ❷ A 通过考试 (시험에 통과하다)

   ❸ D 完成任务 (임무를 완성하다)

   ❹ B 原谅朋友 (친구를 용서하다)

Exercise   22P

1. 녹음

   A 你愿不愿意来机场接我?

   B 这个系列的运动鞋, 你都穿过吗?

   C 这家电影院真豪华、真气派。

   D 吃麻辣香锅真过瘾, 又麻又辣。

   정답 ❶ B   ❷ C   ❸ D   ❹ A

2. 녹음

   ❶ 这家新开的韩国餐厅, 味道也好, 环境也好。

   ❷ 公司让我去东京出差, 可是我不愿意去。

   ❸ 我请中国朋友来家里玩儿, 她怎么也不肯来。

   ❹ 我们部门要完成这个任务, 少说也得花两三个月。

   정답 ❶ ✓   ❷ ✓   ❸ ✓   ❹ ✕

3. ❶ 得   ❷ 愿意

   ❸ 会   ❹ 该

   ❺ 怎么

4. ❶ 这件衣服应该得一千多块。

   ❷ 你得会懂得原谅别人。

   ❸ 在这里看电影应该会很过瘾。

   ❹ 我已经很长时间没看爱情小说了。

   ❺ 你得把衣服好好儿整理一下。

5. ❶ A   ❷ F   ❸ B   ❹ E   ❺ C

Chapter
03

Skill Up

● **Play Point 01**

1.
❷ 价格越来越高了，我不买了。

❸ 雨越来越大了，我不去了。

❹ 打工越来越难了，我不干了。

2.　❶ B　　❷ B　　❸ B

● **Play Point 02**

1.
❷ 鞋脏了，该洗了。

❸ 时间不早了，该走了。

❹ 我累了，该睡觉了。

2.　❶ A　　❷ C　　❸ D

● **Play Point 03**

1.
❷ 她吃着吃着就睡着了。

❸ 她笑着笑着就哭了。

❹ 他喝着喝着就醉了。

2.　❶ A　　❷ C　　❸ D

● **Play Point 04**

1.
❷ 她已经检查过了。

❸ 大家已经反映过了。

❹ 经理已经介绍过了。

2.　❶ D　　❷ C　　❸ A

Exercise　　　　　　　　　32P

1. 녹음

A 他28岁已经是教授了。

B 天快要亮了。

C 雪越来越大了，我不去了。

D 飞机就要起飞了。

정답 ❶ C　　❷ A　　❸ D　　❹ B

2. 녹음

❶ 你去哪儿了？老师刚才还找你来着。

❷ 我已经解释过了。如果有什么问题，
你来找我吧。

❸ 那句话怎么说来着？我忘了。

❹ 我已经去医院检查过了，我的身体没
有问题。

정답 ❶ ✕　　❷ ✓　　❸ ✓　　❹ ✕

3.　❶ 终于　　　　❷ 曾经

❸ 意见　　　　❹ 来着

❺ 已经

4.　❶ 我也曾经年轻过。

❷ 他看着看着就会了。

❸ 火车就要进站了。

❹ 中国的婚礼有什么特别之处吗？

❺ 最近中国婚礼越来越西式化了。/
中国婚礼最近越来越西式化了。

5.　❶ A　　❷ F　　❸ B　　❹ E　　❺ C

Chapter
04

Skill Up

● **Play Point 01**

1.
❷ 今天锻炼的人特别少！

❸ 今天买的东西特别多！

❹ 今天看的电影特别有意思！

2.　❶ A　　❷ A　　❸ B

● **Play Point 02**

1.
❷ 奶奶讲的故事特别有意思。

❸ 妈妈烤的饼干特别好吃。

❹ 我买的手机特别好看。

2. ❶ A ❷ B ❸ C

● **Play Point 03**

1. ❷ 这是一座非常美丽的城市。

❸ 这是一部非常有名的电影。

❹ 这是一个幸福美满的家庭。

2. ❶ 学习和生活的

❷ 阅读和写作的

❸ 安全和健康的

● **Play Point 04**

1. ❷ 我们安安全全地回家。

❸ 我们高高兴兴地下班。

❹ 我们认认真真地学习。

2. ❶ 的 ❷ 地,的 ❸ 地,的

Exercise   42P

1. 녹음

A 你们的晚会我没有时间去。

B 我知道打羽毛球的好处。

C 我查找招聘员工的广告。

D 温暖的春天，就要到了。

정답 ❶ D ❷ C ❸ A ❹ B

2. 녹음

❶ 对不起，晚上的节目我没有时间看。

❷ 我想介绍在中国学习和生活的情况。

❸ 他去北京才一个月，就很快地适应了新的环境。

❹ 杭州是一座非常美丽的城市，你一定要去看看。

정답 ❶ ✓ ❷ ✗ ❸ ✗ ❹ ✓

3. ❶ 地 ❷ 吧

❸ 得 ❹ 的

❺ 了

4. ❶ 他有一个幸福美满的家庭。

❷ 你要买什么样的礼物?

❸ 早上锻炼的人真不少!

❹ 他喜欢安安静静地品茶。

❺ 妈妈烤的饼干特别好吃。

5. ❶ F ❷ B ❸ A ❹ C ❺ E

Chapter

05

Skill Up

● **Play Point 01**

1. ❷ 他太不礼貌了。

❸ 麻辣香锅太好吃了。

❹ 这部电影太好看了。

2. ❶ 多么可爱啊!

❷ 多么漂亮啊!

❸ 多么重要啊!

● **Play Point 02**

1. ❷ 这家中餐厅，好火啊。

❸ 那件皮夹克，好贵啊。

❹ 这家奶茶，好甜啊。

2. ❶ D ❷ B ❸ C

● **Play Point 03**

1. ❷ 昨天下午，他又旷课了。

❸ 上个星期，她又感冒了。

❹ 这个星期，她又出差了。

2. ❶ ✗ ❷ ✗ ❸ ✓

● **Play Point 04**

1. ❷ 我八点就上班了，同事十点才上班。

   ❸ 儿子八点就睡觉了，女儿十点才睡觉。

   ❹ 妈妈五点就下班了，爸爸十点才下班。

2. ❶ C   ❷ A   ❸ D

Exercise 52P

1. 녹음

   A 那只孔雀太漂亮了。

   B 这家奶茶，可好喝了。

   C 这几天太冷了，又感冒了。

   D 抽烟对身体真的很不好。

   정답 ❶ B   ❷ C   ❸ D   ❹ A

2. 녹음

   ❶ 那家店已经开了三十年，东坡肉可好吃了。

   ❷ 昨天晚上睡得太晚，今天早上又迟到了。

   ❸ 就这几天天气不好，过几天会好的。

   ❹ 那个游戏那么简单，他们才不玩呢。

   정답 ❶ ✓   ❷ ✕   ❸ ✓   ❹ ✓

3. ❶ 就   ❷ 太

   ❸ 又   ❹ 再

   ❺ 好

4. ❶ 我来上海有大半年了。

   ❷ 中国菜实在是太好吃了。

   ❸ 这两天工作好忙啊。

   ❹ 做什么运动才能减肥呢?

   ❺ 就这件事，是我办的。

5. ❶ C   ❷ F   ❸ B   ❹ E   ❺ A

Chapter

06

Skill Up

● **Play Point 01**

1. ❷ 饭吃完了。

   ❸ 手机找着了。

   ❹ 作业做完了。

2. ❶ B   ❷ C   ❸ A

● **Play Point 02**

1. ❷ 她身体好得很。

   ❸ 他朋友多得很。

   ❹ 她学习好得很。

2. ❶ C   ❷ B   ❸ D

● **Play Point 03**

1. ❷ 这个地方，我来过两趟。

   ❸ 这部小说，我看过三遍。

   ❹ 这部电影，我看过几遍。

2. ❶ C   ❷ A   ❸ B

● **Play Point 04**

1. ❷ 这趟列车开往西安。

   ❸ 这趟船去往上海。

   ❹ 这条路通往海边。

2. ❶ A   ❷ C   ❸ A

Exercise 62P

1. 녹음

   A 我的手机终于找着了。

   B 宝宝学会走路了。

   C 他工作忙得很。

D 她俩好得不得了。

정답 ❶ B ❷ A ❸ D ❹ C

2. 녹음

❶ 这部小说，我已经看了两遍了。

❷ 他的结婚日期定在明年一月。

❸ 这趟飞机飞往北京，不飞西安。

❹ 老师刚才坐在你对面，你不知道吗?

정답 ❶ ✓ ❷ ✗ ❸ ✗ ❹ ✗

3. ❶ 着 ❷ 会

❸ 不得了 ❹ 极了

❺ 一脚

4. ❶ 我要把西瓜切成两半。

❷ 他身体好得很。

❸ 狼咬了鸡一口。

❹ 这个咖啡厅装修得太豪华了。

❺ 这可是上海有名的咖啡厅。

5. ❶ B ❷ F ❸ E ❹ C ❺ D

Chapter 07

Skill Up

● **Play Point 01**

1. ❷ 客人全坐满了。

❸ 同学们全走光了。

❹ 裤子全弄脏了。

2. ❶ B ❷ A ❸ C

● **Play Point 02**

1. ❷ 光咖啡，就喝了五杯。

❸ 光大衣，就花了八百。

❹ 光帽子，就买了六个。

2. ❶ A ❷ B ❸ B

● **Play Point 03**

1. ❷ 他会打高尔夫，也会打乒乓球。

❸ 他会做中国菜，也会做日本菜。

❹ 他会唱民歌，也会唱流行歌。

2. ❶ D ❷ C ❸ B

● **Play Point 04**

1. ❷ 别哭，还有机会。

❸ 别怕，还有爸妈。

❹ 别走，还有希望。

2. ❶ 还习惯 ❷ 还习惯

❸ 还请多多原谅

Exercise 72P

1. 녹음

A 大家全都到齐了。

B 大家都感冒了。

C 这件事情，只告诉你一个人。

D 光咖啡就喝了四杯。

정답 ❶ C ❷ A ❸ D ❹ B

2. 녹음

❶ 女: 你怎么不看我的短信。

男: 你什么时候给我发短信了?

女: 昨天我给你发短信了。

男: 我手机一条短信都没有。

问: 女的什么意思?

❷ 女: 你去过广东吗?

男: 我小时候住在广东。

女: 那你会说广东话吧?

男: 会啊，我现在住在上海，还会说上海话。

问: 男的会说什么话?

❸ 女：这里的伙食怎么样？

男：有点辣，我不太习惯。

女：这里的伙食比韩国好吃吧？

男：没有韩国好吃。

问：男的觉得这里的伙食怎么样？

정답 ❶ A ❷ B ❸ A

3. ❶ 满 ❷ 都

❸ 只 ❹ 光

❺ 也

4. ❶ 这次考试，只希望不要挂科。

❷ 你要跳到哪家公司？

❸ 照顾不周，还请多多原谅。

❹ 辞职信都递上去了。

❺ 你还习惯这里的生活吗？

5. ❶ ★ D

해설 그는 오늘 백화점에 가서 옷을 사느라 돈을 많이 썼다. 외투에만 800위안을 지출해서 계좌에는 100위안밖에 안 남았다.

❷ ★ B ★ A

해설 지금의 90년대생들은 직업을 찾을 때 단지 '고임금'만 바라는 것이 아니라, 회사의 업무환경을 더욱 중시한다. 예전에 90년대생 졸업생을 면접한 적이 있는데, 그는 면접할 때, 내게 매주 며칠 쉬는지, 티타임은 있는지, 회사에서 가는 단체 여행은 있는지, 이런 질문들을 했다. 그는 업무와 삶의 질을 매우 중시했다. 그리고 많은 90년대생들이 자기가 사장이 되는 것을 좋아해서, 돈을 많이 못 번다고 해도 자기가 하기를 희망한다.

Chapter

08

Skill Up

● Play Point 01

1. ❷ 我带照相机去。

❸ 我拿吃的来。

❹ 我拿报纸来。

2. ❶ C ❷ B ❸ C

● Play Point 02

1. ❷ 最近爱上了瑜伽。

❸ 最近交上了网友。

❹ 最近交上了新朋友。

2. ❶ B ❷ C ❸ A

● Play Point 03

1. ❷ 这些东西，我都用得着。

❸ 她的钱包，我都找不着。

❹ 这些资料，我都用不着。

2. ❶ 看不见 ❷ 收拾得完

❸ 听得见 ❹ 打扫不完

❺ 吃不完 ❻ 修改得完

● Play Point 04

1. ❷ 她那么瘦，肯定穿得进去。

❸ 鞋那么小，肯定穿不进去。

❹ 东西那么重，肯定拿不上来。

2. ❶ 抬得起来

❷ 过不去

❸ 站不起来

Exercise   82P

1. 녹음

   A 她说着说着就哭起来了。

   B 太累了，不能再弄下去了。

   C 你的声音，我听不见。

   D 他没穿鞋就下楼来了。

   정답 ❶ D   ❷ A   ❸ B   ❹ C

2. 녹음

  ❶ 女：你快来帮帮我。

     男：什么事？我在玩儿游戏呢。

     女：东西太多，我一个人收拾不完。

     男：好吧，那等我两分钟。

     问：女的在干什么？

  ❷ 女：喂，你下班了吗？

     男：没有，我还在公司。

     女：你什么时候下班？我等你吃饭呢。

     男：别等了。今天得加班，八点之前
         肯定回不去。

     问：男的在干什么？

  ❸ 男：快下班了，一会儿你去哪儿啊？

     女：我去健身房，最近爱上了瑜伽。

     男：不错，做瑜伽还能锻炼身体。有
         机会也教教我呗。

     女：好的，没问题。

     问：女的下班以后去做什么？

     정답 ❶ B   ❷ C   ❸ A

3. ❶ 见   ❷ 上

  ❸ 下去   ❹ 着

  ❺ 起来

4. ❶ 老师走进教室来了。

  ❷ 我拿吃的来了。

  ❸ 他回家去了。

  ❹ 你是什么时候爱上网游的？

  ❺ 让他过来一起吃？

5. ❶ ★ D

  해설 봄이 오니 날씨가 점차 따뜻해지고 봄비가
  내리기 시작했다. 나무는 푸릇해지고 꽃도 피었다.
  기러기도 남쪽에서 날아 돌아왔다.(*중국의 경우에는
  봄에 기러기가 날아오는 지역이 있음)

  ❷ ★ C   ★ B

  해설 인터넷에서 물건을 사는 것을 '网上购物(인
  터넷쇼핑)'이라 하며, 줄여서 '网购'라 한다. 최근
  많은 젊은이들이 인터넷쇼핑을 좋아하게 되었다.
  그렇다면 요즘 젊은이들은 왜 인터넷에서 물건 사
  는 것을 좋아할까? 그것의 가장 큰 장점은 바로
  사람들을 편리하게 해 준 것으로, 상점에 가지 않
  아도 자기가 사고 싶은 물건을 살 수 있기 때문이
  다. 그리고 가격이 상점보다 많이 싸고, 물건을 사
  러 가는 시간이 절약되는 것도 인터넷쇼핑의 장점
  이라 할 수 있다.

Chapter

09

Skill Up

● **Play Point 01**

1. ❷ 这件衣服既漂亮又便宜。

  ❸ 这个房间既整齐又干净。

  ❹ 这个菜既便宜又好吃。

2. ❶ D   ❷ A   ❸ D

● **Play Point 02**

1. ❷ 这件羽绒服不仅贵，而且不好洗。

  ❸ 这个手机不仅好看，而且很好用。

  ❹ 这家咖啡厅不仅气派，而且很舒服。

2. ❶ 而且会说英语

  ❷ 而且里面的蔬菜

  ❸ 不仅是学生

● **Play Point 03**

1. ❷ 只有这家书店才能买到这本书。

   ❸ 只有这家银行才能换到人民币。

   ❹ 只有这家商店才能买到这个牌子。

2. ❶ 通过考试

   ❷ 解决这个问题

   ❸ 满足这个要求

● **Play Point 04**

1. ❷ 虽说事情不大，可你还得好好儿办。

   ❸ 虽说工作很忙，可你还得去参加。

   ❹ 虽说身体很累，可你还得去运动。

2. ❶ 你得尊重他的意见

   ❷ 你得考虑它的前景

   ❸ 还得参加运动会

Exercise   92P

1. 녹음

   A 这个孩子既可爱又活泼。

   B 不仅是豆腐，而且里面的蔬菜都很容
   易消化。

   C 他们的房间既整齐又干净。

   D 这座写字楼不仅高，而且很豪华。

   정답 ❶ A   ❷ D   ❸ C   ❹ B

2. 녹음

   ❶ 女：我们去哪里买水果？

   男：去楼下的水果店吧。

   女：你经常去那里买吗？

   男：是的。那里的水果不仅好吃，而
   且很便宜。

   问：楼下水果店的水果怎么样？

   ❷ 女：这个普洱茶太好喝了。

   男：这是我在这家店最喜欢喝的茶。

女：别的店也有吗？

男：只有这家店才能喝到这种茶。

问：在哪儿可以喝到这种茶？

❸ 女：你妹妹在家吗？

男：她去学校参加运动会了。

女：她不是病了吗？

男：虽然身体不舒服，但她还是去
了。

问：男的什么意思？

정답 ❶ C   ❷ A   ❸ B

3. ❶ 既   ❷ 而且

   ❸ 只有   ❹ 可

   ❺ 等

4. ❶ 她的衣服既漂亮又时尚。/
   她的衣服既时尚又漂亮。

   ❷ 你得考虑它的前景。

   ❸ 只有这家店才能尝到这道菜。

   ❹ 听说你加入了员工社团。

   ❺ 我挺喜欢书法的。

5. ❶ ★ D

   해설 샤오밍은 공부를 좋아하고, 게다가 공부를
   잘한다. 그는 중국어뿐만 아니라 영어도 할 수 있
   다. 비록 공부는 매우 바쁘지만, 그래도 그는 동아
   리에도 가입했다.

   ❷ ★ C   ★ A

   해설 나는 서예를 좋아하는데, 서예는 매우 재미
   있다. 서예는 중국의 문화일 뿐만 아니라 세계의
   문화이기도 하다. 서예는 신체도 단련시킬 수 있고
   인내심도 키워 줄 수 있다. 사람들마다 서법이 달
   라 서예는 연습이 필요하며, 매일 연습해야만 잘
   쓸 수 있다. 비록 내가 지금은 잘 못 쓰지만, 나는
   계속 연습할 것이며 틀림없이 써 볼수록 잘 하게
   될 것이다.

Chapter

10

Skill Up

● **Play Point 01**

1. ❷ 对于这个问题，我们应该认真考虑。

❸ 对于好人好事，我们应该及时表扬。

❹ 对于工作时间，我们应该合理安排。

2. ❶ 这部电影

❷ 交通安全

❸ 国外情况

● **Play Point 02**

1. ❷ 她为完成任务而努力。

❸ 他为发展经济而努力。

❹ 他为提高综合能力而努力。

2. ❶ 做了很多工作

❷ 做了很多广告

❸ 做了很多规定

● **Play Point 03**

1. ❷ 你沿着河边儿往北走

❸ 你沿着海边儿往西走。

❹ 你沿着这条路往南走。

2. ❶ B   ❷ D   ❸ D

● **Play Point 04**

1. ❷ 我通过旅行来增长见识。

❸ 我通过看电影来提高听力。

❹ 我通过玩游戏来缓解压力。

2. ❶ B   ❷ A   ❸ C

Exercise

1. 녹음

A 大家为完成任务而努力。

B 我通过看电影来提高听力。

C 他们正朝着车站方向走去。

D 关于交通安全，人们有不同的意见。

정답 ❶ D   ❷ C   ❸ B   ❹ A

2. 녹음

❶ 女：新出的产品卖得怎么样？

男：卖得很不错。

女：为了宣传新产品，公司做了很多广告。

男：怪不得卖得那么好。

问：新出的产品怎么样？

❷ 女：最近工作还那么忙吗？

男：工作经过调整，轻松了很多。

女：那你还想辞职吗？

男：最近工作不好找，先在这儿干着吧。

问：男的打算怎么办？

❸ 男：请问车站怎么走？

女：你沿着这条街一直往前走。

男：离这儿远吗？

女：不太远，走路只需要10分钟。

问：车站远吗？

정답 ❶ B   ❷ A   ❸ C

3. ❶ 为了   ❷ 关于

❸ 朝着   ❹ 经过

❺ 怪不得

4. ❶ 他们为实现理想而努力。

❷ 他们正朝着出口方向跑去。

❸ 我通过旅行来增长见识。

❹ 我沿着河边儿往西走。

❺ 文章经过删减，简单了很多。

5. ❶ ★ B

해설 중국어 말하기와 작문 실력을 향상시키기 위해 나는 최근 학원을 하나 등록했다. 이 학원은 여러 번 알아보고 겨우 찾은 것이다.

❷ ★ B　　★ A

해설 최근 젊은이들은 공부는 힘들고, 시험은 어려우며, 일자리도 찾기 쉽지 않아 갈수록 스트레스를 많이 받고 있다. 그렇다면 그들은 어떻게 스트레스를 해수하고 있을까? 조사에 따르면 사람들은 주로 여행, 운동, 음악 감상 그리고 코미디영화들을 보는 것으로 스트레스를 풀고 있다고 한다.

Chapter

11

Skill Up

● **Play Point 01**

1. ❷ 你把手洗(一)洗。
　 ❸ 你把牙刷(一)刷。
　 ❹ 你把头洗(一)洗。

2. ❶ B　　❷ A　　❸ D

● **Play Point 02**

1. ❷ 她把帐户告诉我了。
　 ❸ 她把秘密告诉我了。
　 ❹ 他把价格告诉我了。

2. ❶ D　　❷ B　　❸ D

● **Play Point 03**

1. ❷ 我的东西被人动过。
　 ❸ 我的手机被人看过。
　 ❹ 我的钱包被人偷过。

2. ❶ ✓　　❷ ✗　　❸ ✗

● **Play Point 04**

1. ❷ 我们都被你吓死了。
　 ❸ 我们都被你急死了。
　 ❹ 我们都被你气坏了。

2. ❶ 被你感动了。
　 ❷ 被你洗脑了。
　 ❸ 被你利用了。

Exercise　　110P

1. 녹음

A 手太脏了，我去把手洗一洗。

B 密码很重要，不能把密码告诉别人。

C 去洗手间的时候，我的手机好像被人动过。

D 你的报告需要修改，下课以后去改一下吧。

정답 ❶ B　　❷ C　　❸ D　　❹ A

2. 녹음

❶ 女：怎么办啊！我把钱包弄丢了。
　 男：不会吧？你好好儿找一找。
　 女：我都找好几遍了。真是把我急死了。
　 男：你先别急。好好儿想想你最后一次拿钱包是什么时候？
　 问：女的弄丢了什么？

❷ 女：你最后一次出国是什么时候？
　 男：应该是去年放假的时候，和朋友一起去过中国。
　 女：你们都去了什么地方？
　 男：我们在上海玩儿了几天，还去了一趟杭州。
　 问：男的什么时候去过中国？

❸ 女：信用卡终于被我找到了。
　 男：你是在哪儿找到的？

女: 不怕你笑，我在洗手间找到的。

男: 唉! 我都被你笑死了。

问: 女的弄丢过什么?

정답 **❶** C　　**❷** A　　**❸** B

3. **❶** 过　　　　**❷** 没

　　❸ 都　　　　**❹** 把

　　❺ 还

4. **❶** 我把手机弄丢了。

　　❷ 真是把我急死了。

　　❸ 那你去储物柜找找吧。

　　❹ 你去把衣服洗一下。

　　❺ 我没有把帐户告诉他。/
　　　　他没有把帐户告诉我。

5. **❶** ★ D

　　해설 오늘 퇴근길에 나는 휴대폰을 잃어버렸다.
　　지하철을 탈 때 음악도 들었고, 전화도 했었는데
　　어쩌다 잃어버렸을까. 정말 너무 화가 난다.

　　❷ ★ B　　　　★ A

　　해설 올해 겨울 독감이 매우 심각해서 우리는 개
　　인위생을 잘 지켜야 한다. 아침에 일어난 후에 방
　　은 환기를 좀 해야 한다. 외출하고 돌아온 후 첫
　　번째 할 일은 바로 손을 씻는 것이며, 반드시 손을
　　잘 씻어야 한다. 개인위생뿐만 아니라 면역력을 높
　　이는 것도 매우 중요하다. 몸이 건강해야만 일을
　　더 잘 할 수 있다. 가족을 위해, 자신을 위해 건강
　　은 제일순위다.

Chapter
12

Skill Up

● **Play Point 01**

1. **❷** 因为她生病了，所以这节课没来。

　　❸ 因为天气太冷，所以不想出门。

　　❹ 因为她太累了，所以不想上班。

2. **❶** 所以我很喜欢他。

　　❷ 叔叔因为丢了手机。

　　❸ 所以脸色不太好。

● **Play Point 02**

1. **❷** 既然不能好好儿相处，那就分手吧。

　　❸ 既然待遇不好，那就不去了。

　　❹ 既然生病了，那就休息吧。

2. **❶** C　　**❷** B　　**❸** A

● **Play Point 03**

1. **❷** 即使爸爸不答应，我也要去。

　　❸ 即使明天下雪，我也要去。

　　❹ 即使飞机票很贵，我也要去。

2. **❶** 你也要好好儿生活

　　❷ 你也要按时运动

　　❸ 我也不后悔

● **Play Point 04**

1. **❷** 学校一到放假就没人。

　　❸ 餐厅一到星期一就休息。

　　❹ 百货商店一到八点就关门。

2. **❶** C　　**❷** B　　**❸** D

Exercise　　　　　　120P

1. 녹음

　　A 因为他太浪漫了，所以我很喜欢他。

　　B 一提到北京，我就会想到北京烤鸭。

　　C 阿姨因为丢了手机，所以心情不太
　　　好。

　　D 即使没时间，你也要按时运动。

　　정답 **❶** C　　**❷** A　　**❸** B　　**❹** D

2. 녹음

   ❶ 女 : 听说你去面试了，怎么样？
   男 : 还可以，但是我还没决定去不去。
   女 : 听说那家公司的工资是一个月2500块。
   男 : 既然待遇这么不好，那我就不去了。
   问 : 男的什么意思？

   ❷ 女 : 明天天气怎么样？
   男 : 天气预报说明天下雨。
   女 : 那我们还去旅游吗？
   男 : 即使天气再不好，我们也要去。
   问 : 男的什么意思？

   ❸ 女 : 这就是你们的学校吗？
   男 : 是的，是不是很漂亮？
   女 : 非常漂亮，只是学校人安静了。
   男 : 因为学校放假了。一到放假就没人。
   问 : 男的什么意思？

   정답 ❶ C　　❷ B　　❸ D

3. ❶ 所以　　❷ 既然
   ❸ 即使　　❹ 说起
   ❺ 也

4. ❶ 我对看书实在是没兴趣。
   ❷ 他这次不和我一起去旅行。
   ❸ 宿舍一到十点就关门。
   ❹ 他一回到家就像变了个人。
   ❺ 你总在家呆着，多无聊。

5. ❶ ★ C

   해설 최근 갈수록 많은 사람들이 혼자 식사하고, 혼자 쇼핑하고, 혼자 영화 보고, 혼자 여행하는 것을 좋아한다. 설령 혼자라 하더라도 잘 생활해야 한다.

❷ ★ A　　　★ D

해설 만약 생활에서 받는 스트레스가 너무 크다면 당신은 무엇을 하겠습니까? 어떤 사람들은 피곤해지면 친구와 식사하러 가는 것을 좋아하고, 어떤 사람들은 (피곤해지면) 조용히 집에서 쉬는 것을 좋아하며, 또 어떤 사람들은 (피곤해지면) 가족과 함께 여행 가는 것을 좋아합니다. 친구와 식사하면 기분이 좋아지고, 조용히 집에서 쉬면 컨디션이 좋아지며, 가족과 여행 가면 업무 스트레스를 해소할 수 있습니다.